𝔘niversité de 𝔉rance.

ACADÉMIE DE STRASBOURG.

THÈSE

POUR LE DOCTORAT,

PRÉSENTÉE

A LA FACULTÉ DE DROIT DE STRASBOURG,

ET SOUTENUE PUBLIQUEMENT

le lundi, 17 juin 1844, à midi,

PAR

THÉODORE BOULLAND,

AVOCAT,

DE SAINTE-MÉNÉHOULD (MARNE).

———

STRASBOURG,

IMPRIMERIE DE G. SILBERMANN, PLACE SAINT-THOMAS, 3.

1844.

A MON PÈRE ET A MA MÈRE,

TH. BOULLAND.

FACULTÉ DE DROIT DE STRASBOURG.

M. Rauter, doyen.

M. Blœchel, président de la thèse.

Examinateurs.
MM. Blœchel,
Rauter,
Hepp, } professeurs.
Heimburger,
Lafon, professeur suppléant provisoire.

La Faculté n'entend approuver ni désapprouver les opinions particulières au candidat.

JUS ROMANUM.

DE FIDE INSTRUMENTORUM.

. « Instrumentorum nomine ea omnia accipienda sunt , quibus causa
instrui potest. »

Hanc largiorem verbi : Instrumentum , definitionem, quam in Digest (Lib. XXII, tit. 4, L. 1) legere est , arctioribus terminis restrin-
gemus. Et quidem huic nostræ materiæ æquum terminum imposituri,
vocabulo : *Instrumentum* , in quo etiam testes et juramenta, et , ut ait
Quintilianus (Lib. V, cap. 9) argumenta quoque et signa continentur,
scripturas tantùm significabimus *per quas id quod actum est faciliùs
probari possit*. (Dig. L. 4 , tit. citato.) Instrumenta igitur, cum Cujac-
cio (*Parat.*, tom. II , cap. 21 , p. 123) propriè conventiones scriptas
esse dicemus [1].

[1] Cùmque vocabulum instrumentum, latissimo sensu , significet quoque quidquid
aliquis struit, instruit, alibi (Digest. Lib. XXXIII , Tit. 7, L. 8, de Instructo vel inst.
legat.), in sensu prosrùs alio adhibetur. Quod minime ad propositum attinet.

I.

Non nisi post longam temporum seriem, Romæ in usum venerunt Instrumenta. Perdiù enim apud rudem populum, cujus animi signis tantùm exterioribus movebantur, solemnibus quibusdam formulis fuit opus, quæ sensus percellerent et rerum actarum facerent memoriam. Hinc vera prioribus seculis, posterioribus ficta, æris et libræ adhibitio, in emptionibus, venditionibus, mancipationibus, testamentis, solutionibus conficiendis (Gaii comm.). Indè illa, in quâcumque stipulatione, tùm partibus, tùm testibus facta solemnis interrogatio, atque hæc, ab iis omnibus responsio, aliis solemnibus verbis, clarâ voce data.

Donec igitur litterarum scripturæ que populus expers fuit, soli hominum recordationi actarum rerum memoria credebatur. Dein verò simul atque, morum emendatione ingeniique cultu, litteræ sensim innotuerunt, scriptura etiam in conficiendis actibus cœpit adhiberi, sed tantùm ut conventionis factæ monumentum, non ad actûs ipsius validitatem. (Cujac. comm. ad., tit. 4, lib. 22, tom. IV, p. 926).

Nec nisi post elapsa secula, jure prætoriæ et imperatoriis constitutionibus, chartæ subsignatæ ceràque et sigillo impressæ, in quibusdam actibus necessariæ factæ sunt, additaque fides scripturis ritè confectis.

Cæterum hoc in dubium vocare licet an unquàm penitùs in eumdem favorem, in quo testes erant, instrumenta venère. Reipsà testes adhùc sub Justiniano partes potiores obtinere videntur, et imperator ille (Auth. coll. VI, tit. 2, nov. LXXIII, cap. 3) rescribit : « Si litterarum fides à voce testium discrepet existimare se ea quæ vivâ dicuntur voce et cum jurejurando, hæc digniora fide quàm scripturam ipsam, secundùm se subsistere. »

II.

Cùm autem scripturæ publicâ aut privatâ fide nitantur, publica et privata instrumenta discernemus.

Publica Instrumenta sunt census et monumenta (Dig. Lib. XXII, tit. 3, L. 10 de Probat.), id est tabulæ censuales et apochæ publicæ in monumenta publica translatæ: Item et chartæ quæ proferuntur ex archivo publico (Auth. nov. 49, cap. 2. — Cod. lib. IV, tit. 21), et acta confecta à tabellionibus ritè constitutis: quæ magis propriè forenses scripturæ vocantur.

Horum instrumentorum, ut sint legitime confecta, formas describit Paulus, Sentent. Lib. V, tit. 23, § 1. « Amplissimus ordo decrevit eas tabulas quæ publici vel privati contractûs scripturam continent adhibitis testibus ità signari, ut in summâ marginis ad mediam partem perforatæ, triplici ligno constringantur, atque impositum suprà linum; ceræ signa imprimantur ut exteriores scripturæ[2] fidem interiori servent. Aliter tabulæ prolatæ nihil momenti habent. » Non nulla etiam circà conficiendorum horum instrumentorum formam, ex Justinian. Novell. 47, tit. 1, requiruntur : « Sancimus.....Tabelliones, qui omninò quàlibet formâ documenta conscribunt..... hoc modo incipere in documentis : Imperii illius sacratissimi Augusti, anno toto, et post illa inferre consulis appellationem qui in illo anno est et tertio loco indictionem, mensem et diem : Sic enim per omnia tempus servabitur. » Rescribit etiam Justinianus (Cod. lib. IV, t. 21, L. 17). Venditionum vel permutationum vel donationum contractus, dationis etiam arrarum vel alterius cujuscumque causæ quas tamen in scriptis fieri placuit, transactionum etiam quæ in instrumento recipi convenit, non aliter vires habere, nisi instrumenta in mundum recepta, subscriptionibusque partium confirmata, et si per tabellionem scribantur, etiam ab ipso completa et postremò à partibus absoluta sint. Idem in nov. 73, cap. 5, reperitur : « Sed etsi instrumenta publicè confecta sint, licet tabellionum habeant supplementum, adjiciatur et eis, antequàm compleantur, testium ex scripto præsentia. » Instrumentum

---

[2] Non nulli, ut Potherius observat (Pand. hoc titul.) hoc vocabulum expungendum proponunt, intelligendum que exteriores *partes* in quibus nihil scriptum.

igitur non dicitur completum, antequàm sit subscriptum à testibus, adeò ut sola tabellionis subscriptio non sufficiat, nec credatur scripturæ tabellionis sinè testibus.

Et quùm tale instrumentum, ità confectum, apud judicem producitur, aliæ adhuc, ut fidem faciàt, conditiones requiruntur quas docet cap. VII, nov. 73; instrumentum agnosci debere per tabellionem, amanuensem cujus operà in eo conscribendo tabellio usus est, et adnumeratorem, si quis ei interfuerit, ut tres sint testificantes et non unus. Quod si amanuensis nec adnumerator interfuerint, aut mortui sint aut absint, solius tabellionis testimonio. credi. Defuncto tabellione, habiturum instrumentum fidem, tàm ex testimonio amannensis, adnumeratoris et testium quàm ex collatione adimpletionis instrumenti. Si verò nullus horum. adsit, examinandas esse subscribentium contrahentium scripturas.

In novissimo Juris Romani statu, alia inventa est via, ad conferendam instrumentis authenticam fidem quam ipsi tabelliones conferre non poterant, insinuatio scilicet, id est depositum in manibus magistri censûs, Romæ, aut apud magistratus provinciales, horum instrumentorum, quorum sinceritatem ab omni contestatione removere cupiebant. Quo deposito, instrumenta fiebant ab omni inquisitione immunia, nec tabellione, nec testibus indigebant, ut plenà fide gauderent : «Superfluum enim est privatum testimonium cum publica monumenta sufficiant.» (Zeno, L. 31, Cod. de Donat.) Isque fuit hujus depositi favor, ut Justinianus in civitatibus quæ archivo publico carebant, talia archiva creari jusserit, ubi instrumenta deponerentur :

« Præcepta verò faciat tua eminentia per unamquamque provinciam, ut in civitatibus habitatio quædam publica distribuatur, in quà conveniens est defensores monumenta recondere, eligendo quemdam in provincià qui horum habeat custodiam. Quatenùs incorrupta maneant hæc et velociter inveniantur à requirentibus et sit apud eos archivum, et quod hactenùs prætermissum est in civitatibus, emendetur.» (Nov. 15, cap. V, § 2.)

III.

Hæc de instrumentorum publicorum formâ et agnitione.

Quod attinet ad privata, multæ immutationes à primis reipublicæ seculis, ad novissimum juris Justinianei statum factæ sunt.

Apud antiquos Romanos severos moribus, reique temperantes, cùm semel introductæ et diffusæ litteræ fuerunt, « moris fuit unumquemque domesticam rationem sibi totius vitæ suæ per dies singulos scribere, ex quâ appareret quid quisque de reditibus suis, quid de arte, fenore, lucrove seposuisset quoquo die, et quid idem sumptûs damnive fecisset » (Asconius, Comm. ad Cic. in Verr., act. 2, lib. I, § 23).

Quæ domesticæ tabulæ ex austeritate morum et bonâ fide primævâ quamdam quasi religiosam et publicam sanctionem acceperunt. In his tabulis, quæ etiam codex accepti et expensi, aut nomina transcriptitia vocabantur, alter expensum ferendo contractam ab altero; alter, referendo, contractam à se obligationem scribebat (sed numeratio sola pecuniæ faciebat obligationem; hæc in tabulis inscriptio obligationis tantùm monumentum præbebat). Dein, interveniente lite, utriusque tabulæ edebantur et componebantur, eisque judex congruentem fidem addebat. Hunc usum usque ad Ciceronis tempora mansisse ex plurimis illius oratoris locis manifestum est. (Pro Q. Roscio, orat. 3, § 1. — Pro Cluentio, § 30. — In Verrem, act. 2, lib. I, § 23.) Sed deindè, moribus magis ac magis corruptis, « postquàm obsignandis litteris reorum ex suis quisque tabulis damnari cœpit, tota hæc vetus consuetudo cessavit » (Asconius, loc. citat.), et patet reipsà hanc consuetudinem Justiniani tempore omninò desiisse, ex his verbis Institutionum (lib. III, tit. 21) : « Quæ nomina hodiè non sunt in usu. »

Antequàm autem obsolesceret usus nominum transcriptiorum quæ ad cives Romanos unicè pertinebant, aliæ sese insinuaverant inter peregrinos obligationis probandæ formæ, quæ posteriùs inter omnes prævaluerunt, chirographa scilicet et syngraphæ. De eorum instrumentorum formâ ac tenore non satis benè constat.

Chirographa, super negotio μονοπλεύρῳ, syngraphæ super negotio διπλέρῳ conficiuntur (Heineccius. sec. ord. Pand., lib. XXII, tit. 4).

Chirographa ab unâ parte servari solent, syngraphæ signatæ utriusque manu, utrique parti servandæ traduntur (Asconius Pedan., Com. ad Cic., lib. I, § 36).

Chirographi duo tantùm exempla in Digest. reperimus: unum scilicet Lib. 11, tit. 14. De pactis. Lib. 47, § 1, fragm. Scœvolæ: « Lucius Titius Gaium Seium mensularem, cum quo rationem implicitam habebat propter accepta et data, debitorem sibi constituit, et ab eo epistolam accepit in hæc verba: Ex ratione mensæ quam mecum habuisti in hunc diem, ex contractibus plurimis remanserunt apud me, ad mensam meam, trecenta octoginta sex et usuræ quæ competierint: summam aureorum quam apud me tacitam habes refundam tibi. Si quod instrumentum à te emissum, id est scriptum, cujuscumque summæ, ex quâcumque causâ apud me remansit, vanum et pro cancellato habebitur. » Alterum (Lib. XXII, tit. 1, De usuris et fruct. L. 41, § 2, frag. modest.): « Ab Aulo Agerio Gaius Seius mutuam quamdam quantitatem accepit hoc chirographo: Ille scripsit me accepisse et ab illo accepi mutuos et numeratos decem; quos ei reddam calendis illis proximis, cum suis usuris placitis inter nos. »

Nusquàm verò syngraphum reperimus, nisi unicum quod jocosà satyræ comicæ veste indutum, apud Plautum poetam legere est (Asinaria, act. 4, scen. 1, carm. 1 usque ad 65).

Præter hæc duo instrumenta quæ obligationis fidem faciebant, erant etiam duo alia quæ solutionem declarabant. Hæc sunt Apocha et Antapocha, quarum definitiones et formulas indicat Cujaccius (Parat. t. II, cap. 21): « Est apocha, ut ait, professio solutæ pecuniæ debitori a creditore data. » Cujus hæc est formula: L. Titius profiteor Mœvium mihi solvisse decem quæ debuit ex testamento G. Seii, Romæ, anno et die illà (Observ., Lib. 18, cap. 2).

Antapochæ autem nomine (Antapochas quidam reversales etiam vocant) significatur professio debitoris facta creditori vel domino quâ

singulis annis fatetur de usuris :quas solvit creditori ,. vel de pensioni-
bus aut reditibus quos domino: solvit.. Antapochæ formula hæc est :
L. Titius fateor me Seio ,. anno illo ,. die illà , .tot solvisse annui reditûs
nomine, quem ei debeo ob fundum, vel possessionem illam vel tot
usurarum nomine, ob creditam mihi pecuniam.

Hæc omnia privata instrumenta quæ ex singulari unius cujusque
formâ variis discrepant nominibus., etiam sub communi significatione
cautiones vocabantur..

His sola contrahentium subscriptio solebat sufficere, ut essent per-
fecta. Justinianus autem chirographo et apochæ, si excedant quinqua-
ginta libras auri , adjungi vult etiam trium testium subscriptiones.
Quos testes (ex nov. XC de testibus ,. cap. 1) opportet esse homines
bonæ opinionis , dignos fide, non•artifices ignobiles, vilissimos aut ni-
mis obscuros ; nec nisi rogatos ad testimonium procedere. Justinianus
insuper (cap. 8 , nov. LXXIII , de Inst. caut. et fide) novas imponit
conditiones contractibus qui ab imperitis litterarum fiunt, providet-
que ut isti cautè contrahant. Etenim hic in quolibet instrumento auri
libram excedente, tabularii et testes omninò adhibendi sunt, testes
autem non minùs quam quinque, maximèque non ignoti contrahen-
tibus. Quod in civitatibus observandum Justinianus decernit, non æquè
in agris , ubi multa simplicitas est , inquit, neque scribentium aut testium multorum copia.

IV.

Romæ, quotiès de stabiliendâ conventionum factarum probatione
agebatur, et testium depositionibus et instrumentis simul uti genera
liter licuit , eademque fuit et priorum et posteriorum auctoritas, sicuti
tùm in Digesto, tùm in codice reperimus. Etenim L. 1 , Dig., Lib. XXII,
tit. 5 , de testib. Adhiberi quoque testes possunt, non solùm in crimi-
nalibus causis, sed etiam in pecuniariis litibus sicubi res postulat, etc.
—Cod. Lib. IV, tit. 21 , de fid. Inst., L. 15 : « In exercendis litibus eam-
dem vim obtinent tam fides instrumentorum quam depositiones tes-

tium. » Et quidem Lex 10, Dig. de Prob. census et monumenta publica potiora testibus esse declarat, sed lex illa pertinet tantum ad actionem finium regundorum, ut docet Cujacc., Comm. ad Leg. X, de prob. et præs[3].

Cùm que eadem et instrumentis et testibus fides adhiberetur, illud intelligi facilè potest quod hæc rarissimè exigerentur, nec minùs ideò validæ starent conventiones quamvis indigerent instrumento. Quod non nulli Digestorum et Codicis loci, et multorum sententiæ confirmant : « Si res gesta sine litterarum quoque consignatione veritate factum suum præbeat, non ideò minùs valebit quod instrumentum nullum de eà intercessit. » (Dig. de fid. Ins. L. 5, fr. Call.). « Instrumenta non sunt necessaria constituendæ obligationis causà, nisi nominatim actum sit ut contractus redigeretur in litteras. » (Cujacc.[4] Comm. ad. tit. 4. Lib. 22, Dig.). Dein Idem[5]. (Paratit. Lib. IV. Cod.) : « Sinè instrumentis omnia negotia rectè contrahuntur et perficiuntur, nisi aliud convenerit. » Molinæus quoque (p. 157. Comm. in D. Inst. Lib. IV. Cod. tit. 21). « Sciendum est regulariter scripturam non esse de essentià contractûs, ità ut contractus valeat, licet scriptura nulla interveniat.... Tamen scripturæ sæpè fiunt, ideò ut possit meliùs probari tenor et series contractûs. »

Hanc generalem regulam, Codex tit. 21, de fide Inst. casibus quibusdam specialibus addicit : L. 9. « Instrumentis etiam non intervenientibus semel divisio rectè facta non habetur irrita » L. 12 : « Non idcircò minùs in vacuam inductus prædii possessionem, donationis causà, quod ejus facti prætermissum instrumentum adseveratur, hanc obtinere potes. » Quùm que alicubi instrumenti confectio exigitur, id per exceptionem tantùm fieri videtur. — Sic Cod. Lib. IV, t. 20. de Test. L. 2 : « Si tibi controversia ingenuitatis fiat, defende causam tuam *instrumentis* et argumentis quibus potes; soli enim Testes ad ingenuitatis

[3] T. IV, p. 914.
[4] T. IV, p. 925.
[5] T. VII, p. 123.

probationem non sufficiunt. » Idem quoque (Cod. lib. tit. 66, de jure Emphyteuticario. L. 1) de contractu emphyteutico dicitur « in quo cuncta quæ inter utrasque contrahentium partes super omnibus, vel etiam fortuitis casibus, pactionibus *scripturâ interveniente* habitis placuerint, firma illibataque perpetuâ stabilitate, modis omnibus debent custodiri. »

Cùmque instrumentorum absentia causæ non noceat, eò magis intelligi potest quod plurimis legibus dicitur (Cod. tit. de fide Inst.) eorum amissionem minimè nocere, dum modò res aliùndè manifestè probetur. L. 1 : « Debitores tuos quibuscumque rationibus debere tibi pecuniam si probaveris, ad solutionem compellet aditus præses provinciæ, nec oberit tibi amissio instrumentorum, si modò manifestis probationibus eos debitores esse apparuerit. » L. 6. Statum tuum natali professione perditâ mutilatum non esse certi juris est. L. 10 : « Cùm, instrumentis etiam non intervenientibus, venditio facta rata maneat, consequenter, amissis etiam quæ intercesserant, non tolli substantiam veritatis placuit. » Idem etiam declarant, L. 5, L. 8, L. 11, hoc titulo, quibus tamen hoc temperamentum addit L. 13 : « Amissorum instrumentorum habitam testationem inter eos tantùm valere ad quos negotium pertinet, minimè autem apud eos qui rem gestam ignoraverunt. »

V.

Nec ideo tamen parvi refert instrumenta, quamvis plerùmque non exigantur et possint suppleri, ad fulciendam intentionem afferre. Reipsâ, tanti interest, ad imponendum liti finem, instrumentorum exhibitio, ut is qui aliquid probandum habet, non solùm instrumentis quæ penès se habet, sed etiam iis quæ scit penès alios esse uti possit. Id ex leg. 22 cod. apparet : « Si postuletur ab aliquo in judicio ut instrumentum, non adversùs se ipsum, sed alium quemdam producat quod alteri prosit, idque producere recuset, ut qui damnum indè metuat, verùm is qui exhiberi chartam petit, nequàquam eum lædendum dicat, sed pecuniam ipsum ab illis accepisse qui per instrumentum exhibendum coarguendi sunt, vult constitutio ut is qui habet instrumentum, id ipsum proferat.... Nec is recusare potest a quo instrumenti exhibitio desideratur, vel propterea quod aliquid acceperit, aut accepturum se speret, vel ob amicitiam cum illo, cui damno futurum est instrumentum.... » Hoc que eo magis quantum sit illius exhibitionis momentum demonstrat, quod eadem lex pœnam pronuntiat adversus recusantem desideratum instrumentum proferre, eumque, si semet occultaverit quasi qui nec jurare, nec instrumentum edere velit, omne damnum quod hinc emerget, ei cui opus est instrumento, de suo compensaturum declarat. Attamen eo usque lex illa non assequitur ut ab iis etiam exigi posse instrumenta velit qui ex eorum prolatione aliquid damni sensuri sint, et contrà, hoc casu, nequàquam cogi possunt ad proferendum.

Debet autem adversarius contrà semetipsum instrumenta proferre? Hic inter publica et privata instrumenta distinguendum. Priora enim adversarius contrà seipsum exhibere cogi potest, quod de posterioribus non æquè dicendum. Quod attinet ad publica, ab utràve parte desiderentur, ità indistinctè rescribunt Severus et Antoninus : « Is apud quem res agitur acta publica tam civilia quam criminalia exhibere inspicienda ad investigandam veritatis fidem jubebit. » (Leg. cod. de fid. Inst.) Privata verò adversarius contrà se exhibere non potest compelli : Hoc consequitur, tùm ex his verbis leg. 22, Cod. superiùs citatis : « Si postuletur ab aliquo in judicio ut instrumentum *non adversùs se ipsum,* sed alium quemdam producat.... » Tùm ex leg. 7, Cod. de Testib. : « Intentionis vestræ proprias afferre debetis probationes, non adversùs se ab adversariis adduci. » Hoc tamen addendum: Secùs esse de reo contrà quem fiscus agit. (C. lib. 2, De Jure Fisci. Lib. 2, Call. § 1.)

Quomodo autem et quandò instrumentorum exhibitio fieri possit, lex ultima Cod. de fid. Inst. declarat, nulli scilicet aliter licere ut ad exhibenda cogat Instrumenta nisi eodem in judicio in quo causa agitur, idque sumptibus ejus qui codicis aut instrumentorum exhibitionem fieri desiderat.

VI.

Quæ sit autem instrumentorum vis ac fides, quum semel sint exhibita? Et quidem rei scriptæ plenam fidem faciunt, nec jam ullus est testibus locus, ut Paulus docet sent. Lib. V, tit. 15 de Test. : « Testes, cùm de fide Tabularum nihil dicitur, adversùs scripturam interrogari non possunt. » Quod generaliter de Instrumentis tam privatis quam publicis intelligendum videtur. Hæc quidem lex, cùm inter Justinianeas compilationes non fuerit admissa, non nulli commentatores, inter quos Donellus [6] etiam cum instrumenta allata sint, adhùc testibus locum esse contenderunt.

Diximus generalem in modum Instrumenta plenam fidem facere: hic adjiciendum est : intrà certos terminos et sub quibusdam conditionibus. — Illa privatis et publicis communis est, ut sint ritè confecta.

Probant privata instrumenta adversùs eos qui illa scripserunt, modò de auctoribus constet (arg. L. 25, § ult. Dig. de probat.) et etiam unicum instrumentum de plurium obligationibus fidem potest facere. — Alienis non nocent. — Ut quamdam habeant vim probandi, debent specialem licitamque obligationis causam demonstrare. Talia instrumenta vocat Thibaut instrumenta *discreta : Indiscreta* autem quæ debitum tantùm, non causam debiti ostendunt [7].

Instrumenta publica plenam fidem faciunt, modò authentica sint (Heinecc. S. ord. Pand.) Ipsum autem instrumentum authenticum fidem facit, non hujus index (latiori scripturæ brevis quædam subnotatio, Cujacc.) aut exemplum (exemplum ex integro describitur, id.), etiam si fiscus agat. Sic reverà lex 2 Digest. de Fid. Inst. : « Quicumque à fisco convenitur, non ex indice (vel brevi, Lib. 5, Cod. de conv. fisc. deb.) exemplo alicujus scripturæ, sed ex authentico conveniendus est. »

[6] Comm. p. 168, n° 14.
[7] *System des Pandectenrechts*, t. III, p. 97.

B   2.

VII.

Instrumentorum publicorum aut privatorum, modò sint ritè confecta, cùm semel in judicio exhibentur, eadem vis esse solet, eumdem que locum priora posterioraqfie obtinent, quotiès personalibus actionibus agitur. Quod ità Lex 11, Cod. Lib. VIII, T. 18. Qui potior. in pign.: « Scripturas quæ sæpè assolent à quibusdam secretè fieri; intervenientibus amicis, nec ne, transigendi vel paciscendi, seu fœnerandi vel societatis cœundæ gratià, seu de aliis quibuscumque causis vel contractibus conficiuntur, quæ ιδιόχειρα græcè appellantur, sive tota series earum manu contrahentium, vel notarii, vel alterius cujus libet scripta fuerit, ipsorum tamen habeant subscriptiones, sive testibus adhibitis, sive non: licet conditionales sint quos vulgò tabularios appellant, sive non; quasi publicè conscriptas, si personalis actio exerceatur, suum robur habere decernimus. »

Si igitur duo creditores sint ejusdem debitoris, quorum uni cautum sit a debitore, privato chirographo vel alio privato instrumento, alteri autem cautum instrumento publicè confecto, et hi contendant inter se uter alteri potior sit, quia fortè bona debitoris omnibus non sufficiant, si isti personalibus actionibus agant, instrumentum privatum dummodo pateat a debitore scriptum esse, non minùs proderit quam si publicè fuisset conscriptum, nec alter ex creditoribus alteri præferetur.

Secùs autem esse dicemus si isti duo creditores non jàm personalibus actionibus experiantur, sed contrà hypothecaria actione eam rem vindicent quæ ambobus pignori data est, sed novam conditionem necessariam fieri ut instrumentum privatum publico æquiparetur. Sic reverà lex superius citata: « Sin autem jus pignoris vel hypothecæ ex hujus modi instrumentis vindicare quis contenderit, eum qui instrumentis publicè confectis nititur, præferri decernimus, etiam si prior is contineatur, nisi fortè probatæ atque integræ opinionis trium vel ampliùs virorum subscriptiones eisdem idiochiris contineantur, tunc enim quasi publicè confecta accipiuntur [8]. »

Hoc demùm et privatis et publicis Instrumentis commune est, quod scripturæ diversæ fidem sibi invicem derogantes abunâ eâdemque parte prolatæ nihil firmitatis habere possunt (Cod., Tit. de fid Instr. L. 14.)

VIII.

Quamvis in judicio utiliter exhibeantur instrumenta quæcumque ad illuminandam litem confirmandamque intentionem prosunt, duo sunt tamen instrumentorum genera quæ in judicio non possunt adhibèri, aut allata minimè proficiunt: ea nempè quæ quis ipse sibi confecit, nisi aliis adminiculis adjuventur, et ea quoque quibus aliquis se non usurum esse contestatus est.

De prioribus ità Gallienus : L. 7. Cod. de Probat : «Exemplo perniciosum est ut ei scripturæ credatur quâ unusquisque sibi, adnotatione propriâ, debitorem constituit.» Undè manifestum est neque fiscum ipsum, neque alium quemlibet ex suis subnotationibus debiti probationem præbere posse. Indè igitur : Instrumenta domestica, seu privata testatio seu adnotatio, si non aliis adminiculis adjuventur, ad probationem sola non sufficiunt. (L. 5. eod. tit.) Nec igitur rationes defuncti quæ in bonis ejus inveniuntur ad probationem sibi debitæ

---

[8] Exillis ultimis hujus legis verbis, pauci auctores novum instrumentorum genus distinguendum esse censuerunt quæ vocant *instrumenta quasi publica* (Mühlenbruch, *Doct. Pandect.* — Thibaut, *Syst. des Pandectr.*). Et quidem adhuc in nov. 75, c. 1 et 2 legimus, depositi mutuique instrumentum, tribus testibus adhibitis cautè fieri, nusquàm autem specialem instrumentorum quasi publicorum commemoratam reperimus designationem. Hujus Donellus qui hanc superiùs dictam Leg. 11, commentat (p. 659, comm. ad. tit XVIII., lib. 8), nequàquam mentionem facit. Ex nostrâ igitur sententiâ, siquis actione in rem experiatur, necessarium est suum privatum instrumentum trium testium subsignationibus indui, ut publico possit æquiparari, tunc que, ut lex ait, non aliter accipitur ac si publicum foret ; nulla autem indè nova instrumentorum species oritur.

quantitatis solæ sufficere possunt, et si in ultimâ voluntate defunc-
tus certam pecuniæ quantitatem aut etiam res certas sibi deberi signi-
ficaverit. (L. 6.)

De posterioribus, sic L. 3, Cod. de fide instrum. : « Si adversarius
tuus apud acta præsidis provinciæ cùm fides instrumenti quod, profe-
rebat, in dubium revocaretur, non usurum se contestatus est, vereri
non debes ne ex eâ scripturâ quam non esse veram etiam professione
ejus, consistit, negotium denuò repetatur. »

IX.

Potest unusquisque adversùs quem instrumentum producitur, illud
falsi arguere. Possunt omnes quilibet, exceptis testibus qui ei subscrip-
serint. (L. 75, Dig. de regul. Juris.)

Si quis vellet alium in accusationem adducere, non aliter ad hoc
admittebatur, nisi priùs apud magistratum sese inscripsisset, inscriptionis edidisset libellum, et fidejussorem de exercendâ lite adhibuisset.
Hoc docet L. 3, Cod. lib. IX, tit 1. De his qui accus. non possunt.
Additque etiam L. 17, Cod. eod. lib. tit. 11, eum qui crimen intendit,
in judicium venire debere, nomen rei indicare, vinculum inscriptionis
arripere, custodiæ que similitudinem (habitâ tamen dignitatis æstima-
tione) pati.

Hic tamen generalis modus in omnibus quibuslibet accusationibus
procedendi, forsan in hoc solo falsi accusationis casu, non omninò ne-
cessarius fuisse videtur, ut apparet ex leg. 2, Cod. ad legem Cornel. de
falsis in quâ Gratianus asseverat : Inscriptionis necessitatem accusatori
de falso remissam esse.

Cùm autem quid instrumentum falsi argueretur, ad veritatem ejus
probandam variis modis perveniebatur, prout publicum esset aut privatum.

Si publicum aùt forense esset, in omni casu locus erat comparationi
litterarum, probationique scripturæ testium. Idque etiam si ex archivis

publicis charta proferatur, quod ità Justinianus decrevit Nov. XLIX,
cap. 2. De his qui ingred. « Et quod ex publicis archivis profertur et
habet publicum testimonium, etiam susceptibile hoc esse ad colla-
tiones manuum ponimus. » Cùm autem de privato instrumento age-
retur, rursùs erat distinguendum. Comparationes enim litterarum non
fiebant, nisi trium testium habuissent subscriptiones, ut priùs litteris
eorum fides imponeretur (L. 20, Cod. de fid. inst.) aut saltem à duo-
bus ex his testibus recognoscerentur. Aliter enim comparatio non fie-
bat, licet in semetipsum aliquis chartam conscriptam proferret. Omnes
autem comparationes non aliter fieri Justinianus concedit, nisi postquàm, juramento anteà præstito, ab his qui comparationem faciunt,
fuerit affirmatum quod neque lucri causâ, neque inimicitiis, neque
gratiâ tenti, hujusmodi faciunt comparationem.

X.

Hanc falsi actionem civiliter aut criminaliter prosequendi præbebant
licentiam leges 23 et 24, Cod. lib. IX, tit. 22, ad leg. Corn. Incum-
bebat probatio fidei instrumenti primitùs ei qui scripturam obtulerat,
deindè ei qui, strictà instantiâ, falsum arguere paratus erat.

Licet autem à debitore falsi crimen objiciatur, ne malefidis dilatio-
nibus moretur solutionem, decernit Alexander, cap. 2 ad leg. Cornel.
ut, salvâ executione criminis, debitor ad solutionem nihilóminùs com-
pellatur.

Comparationi litterarum locus est præcipuè, si debitur ipse syngraphum se scripsisse neget; quæ sit autem pœna debitoris manum suam
inficiantis docet Cod. Lex 16, de fid. instr. Varia est, prout debitor
ipsâ comparatione aut testibus convincatur. «Si conventus quis negaverit manum propriam prolatam in libello aut aliâ chartâ, si quidem
ex comparatione is convincatur, hoc est aliâ ejus prolatâ manu et com-
paratâ cum eâ quæ est in libello, det is pœnæ nomine actori pro mendacio solidos XXIV. Si verò aut Tabellio productus fuerit apud quem

instrumentum scriptum est, aut alii quidem testes pro veritate depo-
nentes, tunc ipse, præter pœnam XXIV aureorum , non possit habere
licentiam objiciendæ exceptionis pecuniæ non numeratæ, ut dicat,
quamvis instrumentum factum fuerit, ea tamen quæ in eo scripta sunt
non fuisse data, sed omnimodò condemnetur, etiam si nihil ipsi reverà solutum est. »

Etiam postquàm instrumentum jam productum fuerit, eique fides
imposita, potest tamen argui falsi. Ne tamen dolis litigantium perpe-
tuentur lites provident leges 21 et 22 in fin. Cod. de fide inst. isque
qui chartam falsi parans arguere, eam petet iterùm proferri, priùs sacramentum præstare debebit quòd existimans se posse falsum redar-
guere quod prolatum est, ad hujusmodi veniat petitionem; ne fortè
cùm nosset deperditam esse chartam, ad difficultatem productionis
respiciens, hanc requiri simulet. Postquàm à petitore fuit juratum,
necessitas imponitur ei qui protulit chartam de quâ quæritur, iterùm
eam apud judicem criminis proferre. Sin autem dicat non esse sibi pos-
sibile eam ostendere, quia per fortuitos casus hujus copia ei abrepta
sit, tunc sacramentum subire debet, quod charta sine omni dolo de-
perdita sit, et productio ejus sibi sit impossibilis. — « Quòd si hoc sacramentum minimè subire voluerit, tunc quasi falsa chartula nullas
habeat vires adversùs eum contrà quem prolata est, sec sit penitùs
evacuata. » Juramento autem facto, non ampliùs cogetur ad proferendum.

XI.

Instrumentum, cum falsum repertum sit, nullam vim habet, et est,
ut Molinæus vocat, corpus sine animâ et spiritu. Manifestum est autem
sententiam super veritate aut falsitate instrumenti latam, inter eos demùm valere inter quos lata est. Quod L. 2, Cod. de fid. inst. ità ex-
primit : « Si uteris instrumento de quo alius accusatus falsi victus est,
« et paratus est (si ità visum fuerit) à quo pecuniam petis ejusdem cri-
« minis te reum facere et discrimen periculi legis Corneliæ subire, non

« oberit sententia à quâ nec is contrà quem est data, appellavit, nec
« tu, qui tunc crimini non eras subjectus, appellare debuisti. »

XII.

Querela falsi fit apud judices Pedaneos qui de lite cognoscunt (L. 11,
Cod. ad leg. Cornel.). Temporalibus præscriptionibus non excluditur,
nisi viginti annorum exceptione (L. 11 eod. titul.).

Postquàm in causâ conclusum est, prohibentur instrumenta produci, quia conclusio est terminus exclusivus omnium probationum,
proptereà quòd factâ conclusione dicitur omninò liquere de causâ (Myn-
singerus, in tit. de fid. inst., p. 36, nº 2). Nec instrumenta quidem
noviter reperta post conclusionem possunt produci (eod. loc., nº 7).

CODE CIVIL.

DE LA PREUVE LITTERALE.

Il y a aux proverbes ruraux que fol est qui se met
en enqueste. (*Ant. Loysel. Inst. Cout.*, tit. V, p. 318).

I.

Tant qu'un peuple est près de son berceau, tant que chez lui les
mœurs sont simples et les rapports sociaux peu compliqués, on comprend que le témoignage des hommes suffise entre eux pour faire foi
de ce qu'ils affirment. Ils ont d'ailleurs à cette époque trop peu de lumières et d'instruction pour qu'il ne soit pas très-difficile, si ce n'est
impossible, de prouver par l'écriture les transactions passées entre eux.
Toute faveur s'attache donc d'abord à la preuve testimoniale. Mais à mesure que le peuple croît en âge, si les lumières se répandent, les mœurs
se corrompent, la bonne foi fait place à la défiance et l'on reconnaît
l'utilité de preuves qui échappent aux chances d'erreur et de cor-
ruption.

Les moyens de prévenir les fraudes ou d'en faciliter la découverte
varient alors suivant les temps et les lieux. « En France, dans les com-
« mencements de la monarchie, dit Danty dans ses additions sur la
« préface de Boiceau, l'ignorance était si grande que peu de personnes
« savaient écrire; ainsi on passait fort peu d'actes. Ce qui rendit la
« la preuve par témoins fort commune. Mais comme on mettait tout en

« usage pour les corrompre, leur foi devint si suspecte, que ces peuples
« grossiers et barbares eurent recours aux superstitions, dans les ma-
« tières civiles aussi bien que dans les matières criminelles, pour con-
« naître la vérité ou le bon droit des parties, et les juges peu éclairés se
« laissèrent entraîner par l'usage. Ces preuves superstitieuses devinrent
« même d'une si grande autorité qu'on les appela jugements de Dieu.
« On en distingua de deux sortes : la purgation vulgaire, que l'abus des
« peuples avait introduite, et la purgation canonique, qui était auto-
« risée par les canons. »

Nous n'entrerons pas dans des détails sur ces épreuves. Nous dirons
seulement que des six manières dont se faisait la purgation vulgaire
(Hotoman, liv. 4, *de feudis*, ch. 41), par l'eau froide et l'eau bouillante,
par le feu, le fer ardent, par la croix, l'eucharistie et le combat en
champ clos, celle-ci était la plus fréquente, et dura jusqu'au quatorzième
siècle.

II.

Tandis que Rome avait admis les principes les plus larges en matière de témoignage, l'Italie moderne fut au contraire la première à
restreindre la liberté de la preuve. Dès 1453, un statut de Bologne,
approuvé par le pape Nicolas V, défendait la preuve par témoins de
payements au-dessus de 50 livres, et de contrats au-dessus de 100 livres.
En 1498, les statuts de Milan interdisaient dans certains cas la preuve
testimoniale.

Il n'en était pas encore ainsi en France, et vers cette époque, Bou-
teiller consignait dans sa *Somme rurale* (tit. 106) l'axiome : *Témoins
pur vive voix détruisent lettres.*

Toutefois au seizième siècle, le parlement de Toulouse, pays de Droit
écrit, envoya auprès du roi Charles IX, aux états de Moulins, des dé-
putés pour solliciter la disposition qui forme l'art. 54 de l'ordonnance
de 1566, et qui porte *qu'il sera passé contrat de toutes choses excédant la
valeur de 100 livres.* Et quoique, d'après les termes de son préambule,

cette ordonnance semble n'avoir pour but que « *d'obvier à la multiplication des faits sujets à preuve de témoins et reproches d'iceux dont adviennent plusieurs inconvénients et involutions de procès,* » il est certain qu'à cette époque, le danger de la preuve testimoniale avait déjà frappé les esprits, et la défiance qu'elle inspirait avait formulé cet adage, que c'est folie de se mettre en enquête, car« *qui mieux abreuve, mieux preuve.* »

L'ordonnance de 1662, tit. 20, art. 2, ne fit que confirmer l'art. 54 de l'ordonnance de Moulins. Ce sont ses termes qui se retrouvent dans l'art. 1341 du Code.

III.

Tout écrit, pour constituer une preuve littérale, dans le sens légal de ce mot, doit réunir certains caractères, certaines formes dont il tire toute sa valeur.

Nous n'avons pas d'expression spéciale pour désigner l'écrit revêtu de formes particulières servant à constater telle ou telle convention, tel ou tel fait. Le mot latin *instrumentum,* dont il ne nous reste que le verbe *instrumenter,* relatif aux fonctions des notaires, et l'adjectif *instrumentaire,* appliqué aux témoins qui les assistent, avait le grand avantage de prévenir une confusion fréquente chez nous. Elle résulte de la double acception du mot *acte,* par lequel nous avons remplacé *instrumentum,* et qu'on emploie pour signifier tantôt le fait même, la convention ou le contrat, tantôt l'écrit rédigé pour constater ce qui s'est passé et en servir de preuve.

Cette équivoque, consacrée par la rédaction de l'art. 175 du Code pénal, fut le seul fondement d'une affaire longue et difficile dans laquelle la cour de cassation eut à prononcer le 18 avril 1817.

La distinction que faisait le Droit romain des actes authentiques et privés existe également chez nous.

TITRE AUTHENTIQUE.

La preuve littérale la plus sûre et la plus puissante, c'est le titre authentique.

« Comme la société, dit M. Toullier[1], repose, pour ainsi dire, tout
« entière sur le témoignage et la foi des écrits, quel n'eût pas été l'in-
« convénient et l'embarras d'avoir sans cesse à vérifier les monuments
« de ce qui se passe journellement et de ce qui se passe de plus impor-
« tant parmi les hommes? Quelle eût été l'utilité de ces monuments,
« si, pour en faire usage, il avait fallu sans cesse essuyer les longueurs
« et les difficultés qu'entraîne avec elle une vérification? La sagesse du
« législateur a remédié à ces inconvénients, autant que l'imperfection
« des lois humaines en était capable, en donnant un caractère public à
« l'acte authentique. »

L'acte authentique auquel la loi attache assez de confiance pour im-
poser aux juges et aux magistrats de tenir pour véritables les faits qu'il
atteste, et d'employer leur autorité pour le faire provisoirement res-
pecter, cet acte authentique est, suivant la définition donnée par
l'art. 1317 du Code civil : *Celui qui a été reçu par officiers publics ayant
le droit d'instrumenter dans le lieu où l'acte a été rédigé et avec les solennités requises.*

La foi attachée à l'acte authentique repose sur une double suppo-
sition : celle d'une notoriété plutôt de droit que de fait de la signature de l'officier public, et celle de la sincérité du témoignage de cet
officier.

Les actes authentiques auxquels se réfèrent surtout les dispositions
du Code sont les actes notariés.

Jamais, à Rome, les écrits rédigés par les Tabellions n'eurent l'autorité qui s'attache à nos actes notariés. Nous avons vu que les Tabellions devaient venir eux-mêmes en reconnaître l'écriture et en affirmer
avec serment la sincérité; qu'après leur mort, on appelait les témoins
qui avaient assisté à l'acte et qu'on procédait à une vérification d'écritures. La garantie qu'offraient ces actes était donc extrêmement im-
parfaite.

[1] T. 8, p. 125, § 57. Edit. de 1820.

Il serait trop long et hors de propos ici de tracer une histoire du notariat; nous nous contenterons de dire que les *notarii,* dont les notaires tirent leur nom, ne furent à Rome que des scribes ou espèces de sténographes qui prenaient de la substance de l'acte qu'on voulait passer seulement une note, *nota, Scheda, prima exceptio, informis præscriptio,* que le Tabellion développait ensuite et rédigeait *in mundum.* (L. 27, Cod. de fid. Inst.)

Nous voyons par une ordonnance de 1319, sous Philippe-le-Long, l'existence simultanée et distincte du notariat proprement dit, qui se rattache à la justice royale, et du tabellionage; institution municipale.

Loyseau dit [2] qu'en toutes les anciennes ordonnances, jusqu'à Louis XII, les greffiers sont appelés communément notaires, aussi bien que les tabellions.

Un édit de Henri II, 4 octobre 1554, fit cesser cette confusion.

Loyseau explique encore [3] comment, les affaires se multipliant, chaque tabellion accrédité fut obligé d'employer des clercs qui rédigeaient la première minute des actes que leur patron mettait ensuite au net, « et comme il arrive en toutes conditions, dit-il, que ceux qui « font la besogne s'augmentent et s'accroissent toujours, même sup- « plantent enfin leurs maîtres qui sont négligents, ces clercs qui avaient « vécu sous leurs maîtres comme domestiques, voyant que leurs charges « méritaient bien d'être continuées, après qu'ils étaient mariés et sépa- « rés de demeure d'avec leurs maîtres, se faisaient par eux commettre « et substituer, tant en absence que présence. »,

François Ier (1542) avait sanctionné cet état de choses et défendu respectivement aux notaires d'empiéter sur la grosse, aux tabellions d'empiéter sur la minute. Henri IV (1597) réunit les deux fonctions. Le notariat, nom qui prévalut, excepté dans les campagnes, devint, comme la plupart des autres charges publiques, un office vénal et héréditaire.

[2] Offices, liv. 2, ch. V.
[3] Op. cit., ch. V., §§ 64 et suiv.

La loi du 16 octobre 1791 supprima la vénalité et l'hérédité et voulut que les charges de notaires fussent données au concours. Les auteurs s'accordent à reconnaître que ce mode de nomination était peu convenable pour des emplois de cette nature, mais ils reconnaissent aussi d'un commun accord que la loi du 25 ventôse an XI donne une latitude trop grande dans le choix des candidats, en n'exigeant d'eux que des conditions d'aptitude toutes pratiques.

FORMES DES ACTES NOTARIÉS.

Il importe de distinguer, dans les actes notariés, deux sortes de solennités, les unes intrinsèques, indispensables pour la foi de l'acte, *solemnia probantia,* les autres extrinsèques, nécessaires seulement pour l'exécution, *solemnia completoria.*

Il y a des actes qui, pour n'être pas destinés à être exécutés, n'en sont pas moins authentiques. Les certificats de vie, par exemple, n'ont pas besoin de la formule exécutoire[4].

Formes intrinsèques.

Le Code civil exige comme première condition pour l'authenticité d'un acte la capacité de celui qui le reçoit (art. 1317).

La seule incapacité qui puisse vicier l'acte est celle que les parties ont pu connaître par des déclarations officielles de l'autorité, et non celle qui résulterait d'un vice latent.

---

[4] Cette distinction faite, nous admettons comme acte authentique le procès-verbal de conciliation du juge de paix, et nous attachant à l'esprit de la loi plutôt qu'aux expressions de l'art. 54 du Code de procédure, qui dit que les conventions des parties insérées au procès-verbal *ont force d'obligation privée,* nous croyons que le législateur n'a pas voulu, par cette restriction, refuser au procès-verbal du juge de paix la foi attachée aux déclarations dûment reçues par un fonctionnaire public, mais qu'il ne l'a pas rendu susceptible d'exécution forcée, pour ne pas porter atteinte aux prérogatives des notaires. C'est l'opinion de M. Delvincourt (t. I, note 2 de la page 187), et aussi de M. Duranton (t. XIII, n° 17, édit. 1834).

L'incapacité résultant d'une déclaration officielle sera toujours facile à connaître pour les parties intéressées, puisque l'art 52 de la loi du 25 ventôse an XI enjoint à tout notaire suspendu, destitué ou remplacé, de cesser l'exercice de son état aussitôt après la notification qui lui aura été faite de sa suspension, de sa destitution ou de son remplacement. Cet article, du reste, porte implicitement que, jusqu'à cette notification, le notaire reste capable. — La cour de cassation l'a ainsi jugé le 25 novembre 1813[5].

S'il arrivait que l'autorité trompée accordât à une personne incapable, privée, par exemple, de la qualité de Français, une nomination en bonne forme, nous croyons qu'on devrait, par analogie, faire application à ce cas de la loi *Barbarius Philippus* (L. 3 *Dig. De offic. prætor.*) et maintenir la validité de l'acte. En effet, ceux qui demandent à un officier public un acte de son ministère, ne peuvent que s'en rapporter à l'autorité qui l'a investi de ses fonctions, et tant qu'on ne lui a pas retiré la commission (art. 45—46 de la loi de ventôse) illégalement délivrée, foi est due au titre apparent.

Outre la capacité générale d'instrumenter, la loi exige encore de l'officier public la capacité spéciale de le faire dans le lieu où l'acte est passé. La loi du 25 ventôse prononce (art. 6 et 68) la nullité des actes passés par un notaire hors de son ressort. L'idée de cette disposition se trouve dans les anciens auteurs. — Boiceau dit[6] : *Certum est tale instrumentum nullam publicam fidem habere, cùm Tabelliones, extrà territorium, omninò privati censeantur, sicut et judices.* Pour s'assurer que le notaire a instrumenté dans son ressort, la loi de ventôse exige (art. 12) qu'il fasse mention du lieu où l'acte a été passé et le met ainsi dans l'alternative de faire un acte nul, s'il omet cette énonciation, ou de s'exposer aux peines du faux, si elle est mensongère (cour de cassation, 1er avril 1808 et 16 novembre 1832).

[5] Sirey, 1814. 1re part., p. 76.
[6] *Traité de la preuve par témoins*, liv. 2, ch. IV, pag. 621.

L'art. 5 de la même loi détermine l'étendue du ressort des notaires. Les actes dont on voudra se servir hors du ressort du notaire qui les a faits devront, aux termes de l'art. 28, être légalisés. Pothier définit la légalisation : une attestation donnée par le juge du lieu, par laquelle il certifie que l'officier qui a reçu et signé l'acte est effectivement officier public, notaire, etc. Cette légalisation devra être faite par le président du tribunal de première instance de la résidence du notaire, ou du lieu où est délivré l'acte ou l'expédition.

Au reste, le défaut de légalisation ne nuit point à l'authenticité de l'acte [7]. Il peut seulement en faire suspendre l'effet et l'exécution. Un arrêt de la cour de cassation du 10 juillet 1817 [3], décide que la légalisation n'est pas exigée sous peine de nullité.

On ne légalise pas les minutes qui restent en dépôt chez le notaire, mais les grosses ou premières expéditions, en vertu desquelles on peut exécuter sans jugement.

Outre ces conditions de capacité et de compétence dans l'officier public, l'art. 1317 du Code civil exige pour la confection de l'acte authentique l'accomplissement de certaines formalités. Elles se trouvent indiquées dans la loi de ventôse an XI. L'art. 9 de cette loi porte que : « *Les actes seront reçus par deux notaires ou par un notaire assisté de deux témoins......* »

Cette sage précaution de la nécessité de la présence de deux notaires se retrouve déjà dans la déclaration du 14 février 1747, dans l'ordonnance de Blois, art. 165 et 166, et même dans une ordonnance de Louis XII du mois de mars 1498. Nous avons vu exigée dans le Droit romain la présence des témoins : « *Sed et si instrumenta publicè confecta sint, licet tabellionum habeant supplementum, adjiciatur et eis antequàm compleantur, testium ex scripto præsentia.* »

Le législateur, pour ne pas rendre inutile la présence des deux no-

---

[7] Toullier, t. VIII, n° 59.
[8] Sirey, 1818, p. 585.

taires, et les engager au contraire à exercer l'un sur l'autre une surveillance réelle, fait peser solidairement sur tous deux pendant leur vie, et sur leurs héritiers après leur mort, la responsabilité des dommages-intérêts qu'occasionnerait la nullité des actes.

La question de savoir s'il suffit, quand il n'y a pas de témoins à l'acte, qu'un notaire rédige la minute et qu'un second notaire la signe après coup, a été longtemps et chaudement agitée.

La difficulté d'obtenir l'assistance de témoins avait fait tomber cette prescription en désuétude dans l'ancien Droit, excepté à l'égard des testaments. La rédaction de l'art. 9 de la loi de ventôse avait été ainsi proposée par le tribunat : *Les actes seront reçus par deux notaires conjointement.* Ce dernier mot n'ayant pas été inséré dans la rédaction définitive, M. Locré et d'autres auteurs en inféraient que la présence effective des deux notaires n'était pas indispensable; enfin l'habitude vicieuse de faire signer après coup le notaire en second, s'étant maintenue dans plusieurs contrées, malgré la loi de ventôse, on prétendait que l'art. 9 de cette loi était abrogé par désuétude. M. Duranton[9] penchait à admettre cette opinion; en exceptant toutefois le cas où il s'agirait d'un testament, qui serait nul, si en réalité le deuxième notaire n'avait pas assisté à toute l'opération. Un arrêt de rejet (6 août 1833) confirmait cette doctrine. — D'autres auteurs, M. Toullier[10] surtout, la combattaient avec chaleur. Ils avaient pour eux un arrêt de rejet du 9 août 1836, un arrêt de la cour de Nîmes du 12 janvier 1841, et les considérants fortement motivés d'un arrêt de cassation du 25 janvier même année.

La loi du 21-24 juin 1843 sur la forme des actes notariés est venue mettre fin à cette controverse et donner de l'art. 9 de la loi de ventôse une interprétation à laquelle il faut désormais s'arrêter. Le législateur, effrayé du nombre énorme d'inscriptions en faux et de demandes

[9] T. XIII, § 50.
[10] T. VIII, § 78.

en nullité auxquelles aurait pu donner lieu l'application stricte de l'art. 9 de la loi de ventôse, et de la perturbation qui en résulterait pour les familles et l'État, déclare que les actes notariés passés depuis la promulgation de la loi du 25 ventôse an XI, ne peuvent être annulés par le motif que le notaire en second ou les deux témoins instrumentaires, n'auraient point été présents à la réception desdits actes. (Art. 1). L'art. 2 porte : « A l'avenir, les actes notariés contenant do-« nation entre-vifs, donation entre époux pendant le mariage, révo-« cation de donation ou de testament, reconnaissance d'enfants natu-« rels, et les procurations pour consentir ces divers actes, seront, à « peine de nullité, reçus conjointement par deux notaires ou par « un notaire en présence de deux témoins. — La présence du second « notaire ou des deux témoins n'est requise qu'au moment de la lec-« ture des actes par le notaire et de la signature par les parties; elle « sera mentionnée à peine de nullité. »

L'art. 3 de cette loi déclare que les autres actes continueront à être régis par l'art. 9 de la loi du 25 ventôse an XI, tel qu'il est expliqué dans l'art. 1er.

Et enfin l'art. 4, qu'il n'est rien innové aux dispositions du Code civil sur la forme des testaments.

L'art. 8 de la loi de ventôse, renouvelant les dispositions d'un arrêt de règlement de 1550, interdit aux notaires parents ou alliés à l'infini en ligne directe et, jusqu'au troisième degré, en ligne collatérale, de concourir au même acte.

Quant aux témoins instrumentaires, la première condition qu'exige d'eux l'art. 9, c'est qu'ils soient citoyens français. L'art. 7 du Code déclare l'exercice des droits civils indépendant de la qualité de citoyen. Doit-on exiger des témoins instrumentaires l'exercice actuel de ces droits? Nous le croyons. Un arrêt de rejet du 10 juin 1824 prononce cependant en sens contraire. Ses conséquences amèneraient à penser qu'on peut appeler comme témoins instrumentaires les banquerou-tiers, les serviteurs à gage, les individus qui ont subi des condamna-

tions infamantes et n'ont point été réhabilités, quoiqu'ils soient repro-
chables dans une enquête (C. de proc. civ., art. 283).

Les témoins doivent de plus être des hommes domiciliés et connus
dans l'arrondissement communal où l'acte est passé. Ils doivent au
moins savoir signer. Il faut du reste remarquer avec M. Duranton [11]
« qu'il n'est pas nécessaire d'attaquer l'acte par inscription de faux, pour
défaut des qualités requises dans les témoins, quand bien même le notaire aurait déclaré dans l'acte qu'ils avaient toutes ces qualités, car il
a pu être dans l'erreur à cet égard, il a pu être trompé; il ne peut rien
attester de positif à ce sujet. Cela est généralement hors de son ministère. »

Ce que nous avons dit plus haut du principe qu'on devrait appliquer
dans le cas où le notaire passerait pour capable, bien qu'il fût dans un
cas ignoré d'incapacité, doit être dit également par rapport aux témoins. La cour de Limoges leur a fait, par un arrêt du 7 septembre
1809, application de la maxime : *Error communis facit jus.*

Ne peuvent être témoins les parents, alliés, soit du notaire, soit des
parties contractantes au degré prohibé par l'art. 8, leurs clercs et serviteurs (loi du 25 ventôse, art. 10), à peine de nullité de l'acte
comme acte authentique (art. 68). Mais cette nullité ne pourrait être
prononcée par le seul motif que les témoins instrumentaires qui y ont
assisté étaient parents ou alliés au degré prohibé, la loi étant muette
sur ce point [12].

Les formalités matérielles exigées pour la validité intrinsèque des
actes sont contenues aux art. 12, 13, 14, 15 et 16 de la loi du 25 ventôse an XI.

Ils doivent énoncer les nom et lieu de résidence du notaire qui les
reçoit, à peine de cent francs d'amende contre le notaire contrevenant;
les noms des témoins instrumentaires, leur demeure, le lieu, l'année

---

[11] T. XIII, § 54.

[12] *Nihil nocet ex una domo plures testes alieno negotio adhiberi.* (Instit. liv. 2,
tit. X, § 8, de test. ordin.)

et le jour où les actes sont passés, sous peine de nullité de l'acte comme acte authentique et même de faux, si le cas y échoit (art. 12).

La loi de ventôse n'a pas renouvelé la disposition de l'art. 167 de l'ordonnance de Blois (1579) qui voulait qu'on indiquât si l'acte avait été passé avant ou après midi. Cette mention était alors importante parce que les actes notariés emportaient hypothèque à partir de leur date. Comme moyen de plus contre le faux, le même article de cette ordonnance voulait aussi que le notaire référât la maison où les actes étaient passés, ce que Dumoulin appelait *locus loci*. La loi de ventôse ne renouvelle pas non plus cette prescription. Ces deux énonciations ne sont donc point indispensables quoiqu'elles puissent être utiles; la première, pour établir la préférence entre deux acheteurs qui auraient acheté le même immeuble, le même jour, de la même personne; la seconde, pour le cas où l'acte serait attaqué par la voie de l'inscription de faux.

Une erreur de plume commise par le notaire dans la date d'un acte, et facile à réparer, ne suffirait pas généralement pour le faire annuler. *Error librarii in transcribendis verbis non nôcet.*

Jusqu'au milieu du seizième siècle, les actes notariés n'étaient point signés par les parties contractantes ou disposantes, ou du moins le défaut de leur signature n'emportait pas la nullité des actes. Le caractère et la probité présumée de l'officier public donnaient la foi à l'acte : « *Infinita penè vidi antiqua instrumenta,* dit Boiceau[13], *quæ nullo tabellionis signo sed solâ cujusdam antiqui sigilli appensione munita erant.* » *Quæ olim sola erat instrumentorum cautio,* dit-il un peu plus haut. C'est à partir de l'ordonnance d'Orléans, sous Charles IX (1560), qu'il est enjoint aux notaires, à peine de nullité des actes, de les faire signer des parties et des témoins instrumentaires, s'ils savent signer, ou de faire mention de la réquisition à eux faite et de la réponse qu'ils ne savent pas signer. L'ordonnance de Blois, sous Henri III (1579), dut

[13] Oper. citat. Préface, § 5.

renouveler cette prescription, à laquelle les notaires refusaient de s'assujettir.

Aujourd'hui la signature de l'acte par le notaire, les parties et les témoins, ou la déclaration des parties qu'elles ne savent ou ne peuvent signer, est la formalité la plus essentielle. Cette signature du notaire et des témoins, celle des parties ou la mention de leur déclaration, est formellement exigée par l'art. 14 de la loi de ventôse.

La déclaration de ne savoir écrire est insuffisante. Il faut que l'acte porte déclaration de ne savoir signer. Et même, en matière de testament, la signature est si importante, que l'art. 923 du Code civil exige, lorsqu'elle manque, qu'il soit fait mention expresse, non-seulement de la déclaration du testateur de ne savoir signer, mais encore de la cause qui l'empêche de le faire.

Un avis du conseil d'État, du 20 juin 1810, regarde comme surabondante la mention de la signature du notaire qu'exige l'art. 14 de la loi du 25 ventôse. En effet, si la signature du notaire est véritable, la mention n'en sert à rien; si elle ne l'est pas, le second faux qui contient la mention mensongère n'ajoute rien à la pénalité encourue par le fait de la fausse signature.

L'art. 16 de la même loi déclare nuls les mots surchargés, interlignés ou ajoutés. La nullité peut réagir sur l'acte entier, si les mots vicieux sont essentiels: *Vitiatur instrumentum et falsum præsumitur, ità ut ei fides habenda non sit* [14]. La question de savoir quels sont les mots essentiels est abandonnée à la prudence des tribunaux. Les ratures doivent être constatées.

Enfin, les notaires doivent garder minute de tous les actes qu'ils recevront (art. 20). Sont seulement exceptés quelques actes simples, qui, d'après la loi, peuvent être délivrés en brevet. Par ces actes simples on doit entendre ceux qui n'ont qu'un faible intérêt et non ceux qui émanent d'une seule volonté. (Avis du conseil d'État, 7 avril 1821, qui

---

[14] Pirrhing, § 12, tit. de fid. Inst.

exclut formellement les testaments par acte public du nombre des actes qui peuvent être délivrés en brevet.)

Pour faire cesser les procès qu'engendrait la difficulté d'entendre et d'interpréter le latin, dont on se servait surtout dans les actes, Louis XII, par l'art. 47 d'une ordonnance rendue en juin 1510, et François Ier, par une autre rendue en 1539[15], exigèrent que tous actes et exploits de justice, ou qui en dépendent, fussent prononcés, enregistrés et délivrés aux parties, *en langage maternel français et non autrement.* Les ordonnances de 1563 et de 1629 renouvelèrent ces dispositions; le décret du 2 thermidor an II (art. 3) les sanctionna, et défendit d'enregistrer aucun acte, même sous seing-privé, qui ne serait pas écrit en français, sans toutefois prononcer la nullité des actes. Un arrêté du gouvernement du 24 prairial an XI reproduisit pour les pays réunis à la France la règle de rédiger les actes en français, en prescrivant cependant (art. 2) aux officiers publics des lieux où l'on ne parle pas français, d'écrire à mi-marge de la minute française la traduction en idiome du pays lorsqu'ils en sont requis par les parties.

Ni cet arrêté, ni la loi de ventôse ne prévoient le cas possible où le notaire n'entend pas la langue de celui qui ne sait pas le français. Il y a alors nécessité de recourir au ministère d'un interprète (*argum. à par.* de l'art 332 du Cod. d'inst. crim.). La défense faite par cet article aux témoins, jurés et même aux juges de faire les fonctions d'interprètes ne paraît devoir s'étendre aux interprètes que le notaire est forcé de prendre, puisqu'il lui est permis d'être lui-même interprète et traducteur. L'interprète devra réunir les qualités exigées des témoins instrumentaires: l'un d'eux peut en servir, s'il entend la langue de la partie qui ne sait pas le français.

L'absence de quelqu'une des conditions intrinsèques dont il est fait mention jusqu'ici, suffit-elle pour enlever tout effet à l'acte? Il faut distinguer; ainsi : 1° si la convention a dû, à raison de sa nature spéciale,

---

[15] *Répertoire de Jurisprud.*, v° Langue française.

être, sous peine de nullité, revêtue des formes authentiques; 2° si la volonté des parties a été de subordonner leur consentement à l'existence d'un acte notarié; l'absence de l'une de ces conditions annulle radicalement la convention : il n'y a rien de fait entre les parties. La nullité de l'acte entraîne celle de la convention. L'aveu de la partie serait indifférent et l'on ne pourrait pas lui déférer le serment, puisque *frustrà probatur quod probatum non relevat.* Il en sera autrement, si l'authenticité n'était requise que pour la preuve et que les parties aient entendu traiter à tout événement. La convention existe alors et peut être prouvée par tous les moyens légaux, et l'acte lui-même peut être invoqué, s'il est signé de toutes les parties contractantes [16] (art. 1318 Cod.; art. 68, L. du 25 vent.). La loi ne prétend pas qu'on ajoute foi à l'acte nul en tant qu'acte authentique, mais elle veut qu'on y ajoute la foi due à un acte sous signature privée, qui, après qu'elle a été reconnue, prouve l'existence de la convention antérieure à l'acte et indépendante de l'acte. *Si actus non valet ut agitur, valeat ut valere potest, concurrente voluntate* [17].

L'acte qui ne pourrait pas valoir comme acte authentique, ne devrait pas nécessairement réunir les conditions spéciales auxquelles est subordonnée la validité des actes sous seing-privé. S'il s'agit, par exemple, d'un contrat synallagmatique, la rédaction en double original ne sera pas exigée (arrêt de rejet du 8 mai 1827).

Il en serait autrement, si l'acte signé des parties avait été reçu par un officier radicalement incompétent, ou s'il ne portait pas la signature du notaire. N'ayant pas même alors l'apparence de l'authenticité, il ne peut valoir que comme écrit purement privé : il est soumis à toutes les règles applicables à cette nature d'écrits (arrêt de la cour de Paris du 17 décembre 1829).

[16] Ce qui toutefois ne veut pas dire que l'acte qui constate un contrat unilatéral; un prêt par exemple, doive être signé du créancier aussi bien que du débiteur. Il suffit alors de la *subscriptio facta per debitorem.*

[17] Dumoulin, *D. de verb. oblig. ad. leg.* I, § 2.

Formes extrinsèques.

Les formes extrinsèques n'ont trait qu'à la force extérieure de l'acte, mais n'ajoutent rien à la foi de l'acte en lui-même. C'est seulement lorsqu'on veut exécuter qu'il est nécessaire de se faire délivrer une grosse revêtue de certaines formes additionnelles. La même règle s'applique aux jugements qui s'exécutent non sur la minute, mais sur une expédition délivrée par le greffier. Les ordonnances de référé sont seules exceptées de cette règle. Dans les cas d'absolue nécessité, le juge peut ordonner l'exécution de ces ordonnances sur la minute (C. de procéd., 1re part., tit. XVI, art. 811).

Toute expédition doit être revêtue de la signature du notaire, qui seule constate que l'écrit émane du dépositaire légal de la minute.

Le sceau du notaire suffisait autrefois pour donner l'authenticité à l'acte qui en était revêtu. *Scel authentique fait foi par les coustumes,* dit Loysel[18]. Le sceau dont parle l'art. 27 de la loi de ventôse n'est qu'un signe de reconnaissance utile pour rendre le faux plus difficile, mais dont l'absence ne saurait mettre obstacle à l'exécution d'un acte non suspect (*sic* jugé. Lyon, 7 mai 1825).

L'intitulé portant le nom du souverain, qui commence l'acte, le mandement aux officiers de justice qui le termine, sont de toute rigueur pour la forme extrinsèque de l'acte (C. de pr., art. 146, 545).

Les actes des notaires sont exécutoires dans tout le royaume sans *visa* ni *pareatis* (C. de pr., art. 547). La loi du 16 octobre 1792, d'où cette disposition est tirée, maintient (art. 13 et 15, tit. 1, s. 2) la nécessité de la légalisation. L'art. 28 de la loi de ventôse l'exige pour tous les cas où l'on veut employer les actes hors du ressort du notaire qui les a dressés.

Enfin les actes doivent être enregistrés. L'enregistrement remplace l'ancien contrôle, établi en 1581, pour les actes notariés et sans lequel l'expédition n'était point exécutoire. La loi du 19 décembre 1790, en

[18] *Institutes coutumières*, tit. V.

créant l'enregistrement, déclarait (art. 9) que sans cette formalité, l'ácte passé devant notaires ne pouvait valoir que comme acte sous signature privée. La loi de frimaire an VII n'a pas reproduit cette rigueur. L'absence d'enregistrement ne donne lieu qu'à une amende.

FOI ATTACHÉE AUX ACTES AUTHENTIQUES.

L'acte revêtu de toutes les formalités intrinsèques dont nous avons parlé, fait pleine foi par lui-même, et les tribunaux doivent en ordonner provisoirement l'exécution sans caution. *Nihil aliud requiritur, sed statim plenè probat*[19].

Cependant l'authenticité ne s'attache qu'à la constatation des faits dont l'officier a été personnellement témoin dans l'exercice de ses fonctions, *quorum notitiam et scientiam habet propriis sensibus visûs et auditûs*. Le fait dont cet acte authentique fait foi, c'est celui qui s'est passé en présence du notaire *tempore gesti instrumenti*, et qui est contenu dans l'acte, *et in ejus tenore contenti et affirmati*[20].

D'où l'on peut conclure que le notaire n'ayant pas mission de constater si le testateur est ou non sain d'esprit, si une partie est ou non mineure, il n'y a pas besoin pour soutenir à cet égard une assertion contraire à celle de l'acte d'employer les moyens spéciaux destinés à combattre l'acte authentique (*sic* jugé, cassation, 3 juillet 1838).

L'acte authentique, dit l'art 1319, fait pleine foi de la convention qu'il renferme entre les parties contractantes et leurs héritiers ou ayant-cause.

La première partie de cet article nous semble un peu trop restrictive. L'acte authentique nous paraît faire foi, non-seulement de la convention qu'il renferme, mais aussi de tout ce qui est contenu à l'acte, en tant que le notaire avait mission de le constater. *Acta vel quæcumque scripta publica probant seipsa*, dit Dumoulin[21], *id est rei*

[19] Dumoul., Sur la cout. de Paris., tit. I, § 8.
[20] Dumoul. *Op. loc. cit.*
[21] Cout. de Paris, § 8.

taliter gestæ fidem faciunt. Ce qui nous semble plus général et plus exact que ce que dit Pothier : que les actes authentiques *probant rem ipsam.*

Le même article dit, dans la seconde partie de cette phrase, que l'acte authentique fait foi *entre les parties contractantes et leurs héritiers ou ayant-cause.* Nous croyons qu'il serait inexact de s'en tenir à cette rédaction, et nous sommes encore ici de l'avis de Dumoulin, qui dit en terminant la phrase que nous citons : *Acta... rei taliter gestæ fidem faciunt inter quoscumque.* Et il ajoute un peu plus loin : *Publicum instrumentum ergà omnes est æquè publicum et probans.* Le principe contraire aurait les plus fâcheuses conséquences. « Il en résulterait, dit « M. Toullier [22], que le légitime propriétaire, dépouillé par un usurpa- « teur, dont la possession remonterait à plus d'une année, se trouve- « rait réduit à l'impossibilité de prouver sa propriété, puisqu'il ne « pourrait opposer ses titres, ses contrats d'acquêts, ses partages à l'u- « surpateur, qui pourrait lui répondre : Ces titres, ces contrats, ces « partages sont des actes qui me sont parfaitement étrangers, et qui, « suivant l'art. 1319, ne font foi qu'*entre les parties contractantes, leurs* « *héritiers ou ayant-cause.* »

Nous croyons donc que l'acte authentique ne prouve pas moins vis-à-vis des tiers que vis-à-vis des contractants; mais cette force qu'il a, à l'égard de tous, il l'a seulement *quoad veritatem seu probationem rei gestæ* et non pas *quoad jus et effectum actûs gesti.* Nous ne confondons pas la preuve avec le droit, et nous laissons intacte la proposition de l'art. 1165 : Les conventions *n'ont d'effet* qu'entre les parties contractantes. *Res inter alios acta non nocet, nec obligat, nec facit jus inter alios.*

Dumoulin énonce encore un principe [23] qui se retrouve aujourd'hui dans le Code : *Actus plenè probat nedùm in tenore et dispositivis ins-*

[22] T. VIII, § 148.
[23] *Comm.*, Cout. de Paris., t. I, § 10.

trumenti, sed etiam in enuntiativis... in quantùm tamen respicit vires et effectum actûs principaliter gesti. Et ce principe, qui s'applique aux actes sous seing-privé aussi bien qu'aux actes authentiques, est aussi reproduit dans l'art. 1320 : « L'acte soit authentique , soit sous seing-privé, fait foi entre les parties, même de ce qui n'y est exprimé qu'en termes énonciatifs, pourvu que l'énonciation ait un rapport direct à la disposition. » Pothier, citant dans ses Obligations un exemple de ce cas , dit que si quelqu'un, par un acte, passe reconnaissance d'une rente en ces termes : *reconnaît qu'une telle maison , par lui possédée, est chargée envers Robert , présent , de tant de rente, par chacun an, dont les arrérages ont été payés jusqu'à ce jour, et en conséquence, s'oblige de la lui continuer;* ces termes : *dont les arrérages ont été payés ,* quoiqu'ils ne soient qu'énonciatifs et qu'il ne soit pas expressément exprimé que Robert reconnaît les avoir reçus, feront néanmoins foi du payement contre Robert , partie à l'acte , parce qu'ils ont trait au dispositif de l'acte et qu'il devait être question dans l'acte de ce qui était effectivement dû des arrérages de cette rente.

Il en est autrement des simples énonciations qui n'ont pas un rapport direct à la disposition : *Tunc enim tale instrumentum non facit plenam fidem, sed solum præsumptionem,* dit encore le célèbre commentateur de la coutume de Paris. Les énonciations étrangères à la disposition ne peuvent servir que de commencement de preuve par écrit (art. 1320 *in fine*). Au reste, la question de savoir jusqu'à quel point une énonciation quelconque a trait direct à la disposition, sera nécessairement abandonnée à la prudence du juge. — M. Delvincourt [24] pense qu'on peut regarder comme ayant trait direct et conséquemment comme faisant foi les énonciations que les parties avaient intérêt de contester, si elles eussent été fausses.

Lors même qu'elles ont un rapport direct au dispositif de l'acte , l'article 1320 borne aux parties la foi des énonciations. Elles ne peuvent ,

---

[24] T. II, note 16 de la page 187, édit. 1854.

il est vrai, préjudicier en rien aux tiers, ni les obliger, mais il est prouvé à leur égard qu'elles ont eu lieu tout comme à l'égard des parties.

Les énonciations émanées de tiers n'étaient pas dans l'ancienne jurisprudence aussi dénuées d'effet qu'elles le sont aujourd'hui. Dumoulin enseignait que les énonciations, même incidentes, font foi dans les actes anciens et au préjudice même des tiers. *In antiquis verba enunciativa plenè probant etiam contrà alios et in præjudicium tertii .. etiam si essent incidenter prolata*[25]. Pothier partage cette opinion, pour le cas du moins où les énonciations, s'il s'agit d'un droit réel, sont soutenues par une longue possession. — Quelle était la durée fixée pour cette longue possession? Le terme de trente ans, adopté aujourd'hui par le Code (art. 1335, 2°, art. 1337), variait alors dans l'esprit des auteurs de dix ans à un siècle. — Aujourd'hui, quoique nous ne pensions pas que la loi (art. 1347) exige absolument que le commencement de preuve par écrit émane de la partie adverse, il nous semble que ces énonciations en serviraient plus difficilement qu'au temps où l'on se contentait d'un adminicule quelconque pour autoriser la preuve testimoniale.

Enfin, il reste un dernier principe concernant les actes authentiques, celui qui veut que les actes anciens soient présumés revêtus de toutes les formalités requises.

In antiquis omnia præsumuntur solemniter acta. Ceci nous semble devoir être entendu avec de certaines restrictions, non pas en ce sens, par exemple, que l'ancienneté puisse faire considérer comme non avenues les nullités qui apparaîtraient évidemment dans un acte, mais seulement que, dans le doute, elle doit faire supposer l'observation de toutes les formes requises. Dans tous les cas où la loi n'exige pas la mention de certaines formalités, on présume qu'elles ont été remplies, mais si cette mention était exigée à peine de nullité, il ne serait pas permis de considérer comme équivalent à cette mention le fait que l'acte aurait vieilli, et il n'en resterait pas moins nul. Cette présomption que les solennités ont été observées dans les actes anciens, « il sera bien

---

[25] *Op. loc. cit.*, n° 76.

difficile d'en faire l'application sous l'empire du Code, qui fixe à dix ans la prescription de l'action en nullité (art. 1804), dans tous les cas où elle n'est pas limitée à un moindre temps par une loi particulière. » Cette opinion de M. Toullier[26] nous paraît erronée, et nous croyons que l'art. 1304 s'applique aux cas de vices du consentement au fond, mais non à l'absence des formes prescrites pour la validité de l'acte.

Si l'acte vicieux a été exécuté, on ne pourra pas revenir sur l'exécution après trente ans, non pas que le vice de forme soit couvert, mais parce que l'action sera prescrite après ce temps, comme elle l'aurait été dans le cas même où il n'y aurait eu aucun acte.

Contre-lettres.

Lorsqu'un acte est parfait, les changements que les contractants voudraient ensuite y faire, doivent l'être par le notaire, au moyen d'un acte séparé, daté du jour où ces changements ont été convenus.

Cependant les parties contractantes, ou l'une d'elles, peuvent avoir intérêt à changer, expliquer ou détruire en tout ou en partie un acte destiné à devenir public, par un autre destiné à demeurer caché, au moins pendant quelque temps. Elles le font au moyen d'une contre-lettre que M. Delvincourt[27] définit un acte destiné à rester secret, et par lequel on déroge à un autre acte public et ostensible.

Comme les actes sur lesquels les parties reviennent ainsi par une contre-lettre sont le plus souvent des actes authentiques, le législateur a cru devoir rattacher cette matière à l'authenticité.

Les contre-lettres n'ont jamais été vues avec faveur; aussi l'art. 1321 leur refuse-t-il tout effet contre les tiers, et ne leur en accorde-t-il qu'entre les parties contractantes, sous le nom desquelles on comprend aussi leurs héritiers.

Mais le Code est bien moins rigoureux à leur égard que la loi du

---

[26] T. VII, n° 167.
[27] T. II, n° 14, p. 187.

22 frimaire an VII, sur l'enregistrement, dont l'art. 40 portait que toute contre-lettre faite sous signature privée, qui aurait pour objet une augmentation du prix stipulé dans un acte public, ou dans un acte sous signature privée précédemment enregistré, devait être déclarée nulle et de nul effet. Deux arrêts de la cour de cassation, du 13 fructidor an XI, et 10 janvier 1809, avaient jugé dans ce sens. Mais outre que la loi du 30 ventôse an XII porte que, pour toutes les matières qui sont l'objet du Code, toutes les lois antérieures sont abrogées, l'abrogation de la disposition de l'art. 40 est encore prouvée par la discussion de l'art. 1321 au conseil d'État, dans la séance du 2 brumaire an XII. A la proposition de M. Duchâtel de proscrire d'une manière absolue l'usage des contre-lettres, dont il résulte souvent des fraudes contre les particuliers et toujours contre le trésor public, M. Berlier répondait que c'était par des amendes et non par la peine de nullité que cette espèce de fraude devait être atteinte et punie, et que, dans aucun cas, le législateur ne peut mettre sa volonté à la place de celle des parties, pour augmenter ou diminuer les obligations respectives qu'elles se sont imposées. Le consul Cambacérès demandait que ces actes eussent tout leur effet entre les parties, et M. Tronchet, qu'on distinguât. Une contre-lettre, disait-il, doit être valable entre les parties et nulle contre les tiers; or la régie de l'enregistrement est un tiers par rapport à l'acte. — La section ne proposa aucune disposition, et l'article resta tel que le portait le projet, tel qu'il est au Code. L'intention du législateur, en adoptant cette rédaction, ne paraît pas douteuse. La nullité prononcée par la loi de l'an VII est abrogée par la lettre et par l'esprit du Code. La jurisprudence s'y est conformée (Arrêt de rejet, 10 janvier 1819; Dijon, 9 juillet 1825; Aix, février 1832).

Il ne reste de l'art. 40 qu'une dernière partie, qui frappe d'une amende triple du droit qui aurait eu lieu sur les valeurs dissimulées, les parties qui ont augmenté par une contre-lettre le prix stipulé.

Il existait autrefois une distinction entre la contre-lettre sous seing-privé et la contre-lettre passée devant notaire ou reconnue en justice, et dont il restait minute. La première ne pouvait être opposée à des tiers; il en était autrement de la seconde, lorsqu'elle avait été passée en même temps que l'acte auquel elle dérogeait ou qu'elle détruisait[28]. Cette distinction n'existe pas au Code, dont l'art. 1321 s'applique aux contre-lettres passées devant notaire, et dont il resterait minute, aussi bien qu'à celles qui sont faites sous seing-privé. L'une et l'autre sont également nulles à l'égard des tiers; tellement, que la cour de cassation (18 décembre 1810) a décidé d'une manière générale, qu'une contre-lettre portant qu'une vente n'est pas réelle, n'empêche pas l'acquéreur par qui elle a été donnée de transmettre la propriété à un tiers de bonne foi.

Les tiers de l'art. 1321 ne sont pas seulement les personnes complétement étrangères aux contractants : pas plus que l'acte apparent, la contre-lettre ne pourrait nuire à ces personnes des droits desquelles on n'a pu disposer. Le mot *tiers* comprend ici même les ayant-cause des parties contractantes, qui ont dû compter sur l'existence de l'acte modifié secrètement par la contre-lettre. Le droit de la critiquer appartient à tous les ayant-cause à titre particulier, aux tiers acquéreurs, aux créanciers hypothécaires, mais non pas toutefois aux héritiers qui, continuant la personne du défunt, ne peuvent décliner aucune des obligations par lui consenties.

C'est seulement *contre les tiers,* selon l'expression de l'art. 1321, que les contre-lettres n'ont point d'effet. Si donc, au lieu de les combattre, ils les invoquent, si ce sont, par exemple, des créanciers du vendeur qui exigent de l'acheteur un supplément de prix porté dans un acte secret, celui-ci ne pourra refuser le payement, pas plus qu'il ne le pourrait vis-à-vis du vendeur lui-même (*sic* jugé. Paris, 2 germinal an XIII).

L'acte appelé déclaration de command, par lequel l'acheteur se réserve d'élire dans un certain délai une personne qui reprendra l'affaire

---

[28] Nouv. Denisart, v° Contre-lettre, n° 2.

pour son compte, ne rentre pas dans la contre-lettre. L'acte annonce lui-même cette réserve : il n'y a pas là par conséquent modification secrète d'un acte ostensible. La déclaration de command produit donc effet à l'égard de tout le monde, sauf la nécessité de la notifier dans les vingt-quatre heures à la régie de l'enregistrement, si l'on veut éviter le double droit de mutation (loi du 22 frimaire an VII, art. 68, § 1, n° 24). Le même article de cette loi accorde (§ 1, n° 40) le même délai de vingt-quatre heures, lorsqu'il s'agit d'une contre-lettre portant résiliement pur et simple. Ce délai expiré, la rétrocession est présumée, du moins pour le fisc, et les parties n'échapperaient pas au payement du double droit proportionnel (arrêt de cassation, consult. classib., 29 décembre 1821).

COMMENT ON ATTAQUE LA FOI D'UN ACTE AUTHENTIQUE.

Pour détruire la foi attachée à un acte authentique, il ne suffit pas de la preuve contraire; sa fausseté doit être établie d'une manière spéciale. L'exécution de l'acte authentique n'est pas non plus suspendue par la plainte de dol ou de fraude, quelle que soit la gravité de la présomption et même des preuves invoquées ou offertes (cassation, 23 brumaire an XIII).

Cependant la présomption en faveur de la vérité de l'acte fait dans la forme authentique, quelque grave qu'elle soit, cède à une présomption plus grave encore, celle qui résulte de la mise en accusation de l'inculpé de faux, qui le renvoie devant la cour d'assises, pour y être jugé sur le faux à lui imputé. « Alors il ne pourrait lui-même obtenir l'exécution de l'acte en offrant caution [29]. »

L'inscription de faux vient du Droit romain. Son nom rappelle l'usage où l'on était à Rome, quand on voulait introduire une accusation, de se présenter devant le préteur ou le président de la province, et d'inscrire son nom, celui de l'accusé et les circonstances du crime

[29] M. Duranton, t. XIII, n° 85.

qu'on voulait prouver (Code, liv. 9, tit. 1, L. 3, *de his qui accus.* — *Ibid.,* liv. 9, tit. 2, L. 17, *de accusat. et inscr.*).

« Le plaignant devait donner caution pour la réparation du dommage au cas où la plainte fût trouvée mal fondée. A défaut de cette caution, l'accusateur était tenu de garder prison jusqu'à l'issue du procès, et si la plainte était jugée calomnieuse, il subissait la peine du talion[30]. » Cette rigueur dut passer dans les lois qui régissaient la France; toutefois il paraît qu'elle avait cessé dès le seizième siècle.

Tant que l'acte authentique n'est pas attaqué par cette voie de l'inscription de faux, les tribunaux sont tenus d'en ordonner l'exécution provisoire sans caution (C. de pr., art. 135). La loi du 6 octobre 1791 ne voulait même pas que l'inscription de faux suspendît l'exécution d'un acte notarié. L'art. 13 du tit. 1, sect. 2, porte : « Les actes des notaires publics seront exécutoires dans tout le royaume, nonobstant l'inscription de faux jusqu'à jugement définitif. Cette disposition, conforme à l'ancienne jurisprudence, a été abrogée par la loi du 25 ventôse an XI et par le Code civil. Il résulterait souvent de l'exécution provisoire d'un acte matériellement faux, un préjudice irréparable en définitive.

La mise en accusation fait suspendre l'exécution de l'acte argué de faux (art. 1319). La simple inscription ne suffirait pas, parce que les débiteurs de mauvaise foi pourraient profiter de ce moyen pour retarder l'exécution des obligations qu'ils auraient souscrites. Mais l'arrêt rendu par la chambre des mises en accusation après une procédure préparatoire assez compliquée, offre assez de garanties pour que l'écrit puisse, à partir de ce moment, être considéré comme légalement suspect.

L'inscription en faux peut se faire en tout état de cause, en appel comme en première instance, et même devant la cour de cassation, à moins que la loi n'oppose une exception particulière à sa recevabilité, ou que la cause ne puisse être jugée sans la pièce arguée de faux. La simple

[30] M. Rauter, *Droit crim.*, 1er vol., n° 24, note 4.

vérification de la pièce précédemment faite et dans laquelle celle-ci a été jugée véritable, n'est point un obstacle à l'inscription de faux, mais la reconnaissance précédente de la pièce comme véritable sur faux principal ou incident entre les mêmes parties, empêche l'admission d'une seconde inscription de faux[31].

Quand un acte est reconnu faux, le tribunal en ordonne la suppression, la lacération ou la radiation en tout ou en partie (Code de pr civ., art. 241). Et quant au rétablissement de la vérité, le tribunal ordonne que les pièces seront rétablies, s'il y a lieu à reproduire en entier des dispositions effacées ; qu'elles seront réformées quand il y a lieu à retoucher à l'acte pour le remettre dans l'état primitif.

Le faux partiel doit-il détruire en totalité la foi d'un acte ? Nous croyons qu'il faudra examiner si les parties de l'acte non infectées de faux, peuvent ou non subsister indépendamment de celles qui sont fausses.

[31] M. Rauter, *Cours de procéd.*, n° 205.

Nous n'avons pas cru devoir développer la procédure longue et compliquée de l'inscription de faux principale (Inst. crim., art. 448 à 464) et incidente (C. de pr., art. 214 à 252). Nous dirons seulement très-sommairement que le législateur s'est appliqué à entourer de difficultés la marche de cette procédure, pour mieux protéger la foi des actes authentiques, et qu'on n'arrive à une solution qu'après trois phases successives : 1° Procédure à fin d'être admis à s'inscrire en faux ; 2° procédure à fin d'être admis à la preuve des moyens de faux ; 5° procédure à fin d'établir l'existence du faux. Toutes trois se terminent par un jugement particulier qui amène enfin au jugement définitif.

DE L'ACTE SOUS SEING-PRIVÉ.

Il n'est pas toujours possible de revêtir les transactions des formalités qui les rendent authentiques; souvent on ne pourrait le faire sans des embarras et des frais qui les entraveraient singulièrement, et le législateur a montré beaucoup de sagesse en ne soumettant les actes sous seing-privé en général à aucune forme particulière. Aussi sont-ils d'un usage fort fréquent.

Toutes les conventions, tous les contrats peuvent être prouvés par des actes sous seing-privé, à l'exception de ceux pour la validité desquels la loi exige un acte notarié, tels que les donations, les adoptions, les contrats de mariage, etc.

Ce n'est qu'au dix-septième siècle que la signature devint indispensable pour les actes privés. Dumoulin[1] admettait encore que le sceau suffisait sans la signature, pourvu qu'il fût constant que le sceau avait été apposé par celui qui s'obligeait.

Aujourd'hui c'est la signature qui constitue l'acte privé et le caractérise. Des écritures non signées n'auraient de foi régulière que dans

[1] *Comm.* sur la cout. de Paris. Tit. des fiefs, § VIII, nos 13 et 14.

certaines circonstances déterminées, en dehors desquelles elles dégé-
nèrent en simples indices.

L'acte sous seing-privé est donc celui qui est revêtu seulement de la
signature des parties ou au moins de celle de la partie qui s'oblige.

Formalités et foi de l'acte sous seing-privé.

La signature qui, comme nous venons de le dire, constitue et caractérise l'acte sous seing-privé, est la seule formalité que la loi exige. La
date elle-même n'est pas exigée, quoiqu'il soit très-prudent de l'insérer,
afin de constater la capacité de la partie qui s'oblige au moment où elle
a donné sa signature.

Mais il y a bien de la différence entre cet acte et l'acte authentique
quant à la foi qui y est attachée. Ainsi, tandis que l'acte authentique
fait pleine foi par lui-même jusqu'à l'inscription de faux, et que, dans
ce cas même, c'est à celui qui le prétend faux à prouver son allégation,
l'acte sous seing-privé, au contraire, ne fait foi qu'autant qu'il a été
expressément ou tacitement reconnu par ceux qui ont intérêt de ne
pas le reconnaître, tellement que la simple dénégation du défendeur
peut en arrêter l'exécution, et c'est alors au demandeur à en prouver la
vérité. L'acte authentique est présumé vrai, même lorsqu'il est attaqué, tant que le faux n'est pas prouvé; l'acte sous seing-privé, au contraire, lorsqu'il y a dénégation, est présumé faux jusqu'à preuve contraire.

Quand la sincérité de cet acte n'est pas contestée, ou qu'elle est légalement reconnue, nul doute qu'il n'ait, entre les parties qui l'ont signé, la même force que l'acte authentique. « L'acte sous seing-privé,
« dit l'art. 1322, reconnu par celui auquel on l'oppose, ou légalement
« tenu pour reconnu, a entre ceux qui l'ont souscrit et leurs héritiers
« et ayant-cause la même foi que l'acte authentique. »

Il faut renouveler ici l'observation que nous avons faite à propos de
l'art. 1319 et ajouter à la rédaction de l'art. 1322, que l'acte sous seing-

privé reconnu ou légalement tenu pour reconnu prouve aussi contre les tiers que la convention qu'il renferme ou dont il contient la preuve est effectivement passée. S'il en était autrement, il en résulterait que les ventes et autres aliénations sous seing-privé ne pourraient jamais servir de titre à la prescription par dix et vingt ans. Ces actes ne prouvent point, il est vrai, que la convention qu'ils renferment se soit passée précisément à la date qu'ils indiquent, mais seulement qu'elle était passée au jour où ils sont produits, parce que ces actes peuvent être antidatés. Mais leur date peut même être assurée contre les tiers, quand le soupçon qui la fait présumer frauduleuse est dissipé par des circonstances capables de le détruire. Ils peuvent au moins former un commencement de preuve écrite suffisant pour faire admettre à prouver la date par témoins.

L'art. 1328 indique les circonstances ou les formalités qui donnent date certaine aux actes. La plus ordinaire c'est l'enregistrement. Il n'est nécessaire entre les parties qu'autant qu'elles veulent faire usage en justice de l'écrit privé. L'acte acquiert encore date certaine par la mort de celui ou de l'un de ceux qui l'ont souscrit, ou par la constatation de sa substance dans des actes dressés par des officiers publics, tels que procès-verbaux de scellés et d'inventaire. Ces dispositions de l'art. 1328 sont-elles limitatives? M. Toullier ne le pense pas. Il ajoute[2] aux circonstances qui y sont indiquées, le cas où le signataire a perdu les deux bras, où il part le lendemain de la signature sur un vaisseau dont on n'a plus de nouvelles, où il disparaît et où ses héritiers présomptifs ont fait rendre jugement de déclaration d'absence. Cet auteur ne pense pas qu'il soit raisonnable de dire que la date n'est point assurée, lorsque l'un des signataires, au lieu d'être mort, est réduit à l'impossibilité de signer et par conséquent d'antidater. — Nous puisons une opinion contraire dans la discussion de l'art. 1328 au conseil d'État. Le cas de mort d'un des signataires était le seul prévu dans le projet,

[2] T. VIII, nos 242 et 243.

le cas de la constatation des écrits privés dans des actes publics ne fut admis qu'après discussion. Cette addition n'aurait eu aucun sens si l'article eût été simplement énonciatif. La certitude de la date deviendrait une affaire d'appréciation et l'utilité de l'enregistrement consiste précisément à donner une base fixe aux droits des parties. M. Duranton[3] repousse aussi l'opinion de M. Toullier par le double motif : 1° qu'une fois sorti des termes de l'article, il devient trop facile de se jeter dans l'arbitraire et de voir une impossibilité d'antidate où il n'y a qu'une invraisemblance; 2° que les actes sous seing-privé méritent peu de faveur si on les envisage par rapport aux intérêts des tiers. Ceux qui ne les font point enregistrer veulent toujours tromper le fisc et souvent les tiers. — Enfin notre opinion s'appuie encore sur un arrêt de cassation du 27 mai 1823.

La célérité des transactions commerciales et l'économie nécessaire pour les faciliter font généralement admettre qu'elles ne sont pas assujetties à la nécessité d'acquérir date certaine par l'enregistrement (arrêts de rejet, 28 janvier 1834 et 17 juillet 1837).

Aux termes de l'art. 1328, tant que la date d'un acte sous seing-privé n'a pas été fixée de l'une des manières que nous venons d'indiquer, c'est-à-dire par l'enregistrement, la mort de celui ou de l'un de ceux qui l'ont souscrit, ou la relation de leur substance dans des actes dressés par des officiers publics; cette date reste incertaine à l'égard des tiers. Mais quels sont ces tiers? Ils ne peuvent être autres, selon nous, que des personnes dont le droit dérive du signataire de l'acte ou de son auteur, car si c'étaient des personnes qui leur fussent entièrement étrangères, à eux et à leurs actes, on ne pourrait leur opposer ces actes et les mettre dans le cas de les méconnaître. Et nous rangerons au nombre des tiers entendus en ce sens, un acheteur ou un donataire, par exemple, qui est bien ayant-cause du vendeur ou du donateur, par rapport à la chose vendue ou donnée, mais qui est un tiers,

---

[3] T. XIII, n° 451.

un étranger, par rapport au traité fait par ce vendeur ou donateur avec une autre personne, quoique ce traité ait pour objet la chose vendue ou donnée. Ce tiers devra souffrir l'exercice des droits qui étaient régulièrement imposés au profit d'autres personnes sur la chose au moment où il l'a reçue, mais ces personnes devront justifier par des actes faits à cette époque des droits qu'ils prétendent avoir acquis. Pour ces tiers qui ne représentent pas le signataire comme tenu de ses obligations, l'acte sous seing-privé ne prouvera pas par lui-même la réalité de sa date; elle devra être fixée par l'une des manières déterminées à l'art. 1328.

Ce n'est pas là la doctrine de M. Toullier[4]. Les acheteurs, donataires, coéchangistes sont, selon lui, des ayant-cause auxquels la disposition de l'art. 1322 est toujours exclusivement applicable. Selon cet auteur, l'acquéreur, même par acte authentique, ne peut pas dire à un autre acquéreur par acte sous seing-privé du même objet, ayant une date antérieure à celle de son propre titre, mais non fixée de l'une des manières exigées par l'art. 1328, qu'il ne reconnaît pas l'existence de cet acte, car l'acte sous seing-privé, reconnu ou tenu pour reconnu, a, aux termes de l'art. 1322, entre les parties, leurs héritiers et ayant-cause, la même foi que l'acte authentique; or, l'acquéreur par acte authentique, postérieur à l'acte sous seing-privé qui lui est opposé, est un ayant-cause du vendeur; et puisque l'acquéreur sous seing-privé était devenu propriétaire par le fait seul du contrat de vente, sans même que la chose eût été livrée ni le prix payé (art. 1138, 1582, 1583 combinés), il en résulte que le vendeur, qui n'avait plus de droit sur la chose, n'a pu en transmettre ensuite à une autre personne, car l'art. 2182 porte que le vendeur ne transmet à l'acquéreur que la propriété et les droits qu'il avait lui-même sur la chose vendue.

M. Duranton[5] combat ce système et fait ressortir l'inconséquence du raisonnement que nous venons de citer : « Si le vendeur n'avait plus

[4] T. VIII, n° 245 et suiv.
[5] T. XIII, n° 152 et suiv.

« de droit, lorsqu'il a fait la seconde vente, dit cet auteur, ce qui est
« vrai, comment peut-on dire que le second acheteur est son ayant-
« cause? Comment être l'ayant-cause de celui qui n'avait plus de
« droit? »

Les actes sous seing-privé qui contiennent des conventions synallagmatiques, porte l'art. 1325, ne sont valables qu'autant qu'ils ont
été faits en autant d'originaux qu'il y a de parties ayant un intérêt
distinct. Cette doctrine des doubles, inconnue au Droit romain, fut,
après avoir été longtemps repoussée, enfin admise par le parlement de
Paris (arrêt du 30 août 1736), qui jugea non-seulement que l'acte devait être fait double, mais que la mention devait même en être écrite
dans l'acte, sous peine de nullité de la convention. Un arrêt de 1767
allait plus loin et déclarait que l'exécution même de l'acte synallagmatique non fait double ne pourrait pas en couvrir la nullité. Le parlement,
en admettant cette théorie si rigoureuse, était parti du faux principe
qu'un acte est absolument nécessaire pour établir qu'il y a eu convention entre les parties, et que l'écrit, pour être valable, doit pouvoir
servir de titre à l'une comme à l'autre des parties.

Les rédacteurs du Code, en admettant cette doctrine, y ont apporté
de grandes modifications. La disposition de l'art. 1325, 1° a pour but
de maintenir l'égalité de position entre les contractants, et d'empêcher
qu'il ne soit au pouvoir d'une partie de forcer l'autre à tenir son engagement, tandis qu'elle-même ne pourrait y être contrainte.

Il suffit d'un seul original pour toutes les personnes ayant le même
intérêt, dit l'art. 1325, 2°, et par là il entend le cas où l'intérêt de l'une
des parties, loin d'exclure celui de l'autre, lui est au contraire intime-
ment lié, n'en est pas distinct et séparé : tel est celui de deux associés
qui traitent avec un tiers.

Comme chacun des contractants n'est saisi d'un double que pour
avoir contre l'autre partie un titre égal à celui qu'il a lui-même donné
contre lui, par le double qu'il a signé, il est suffisant que le double,

B   7 dont chaque partie est en possession, soit signé de l'autre, lorsque les deux doubles paraissent.

Afin de prévenir la fraude très-facile qui consisterait à détruire un original et à prétendre que l'acte n'a pas été fait en autant de doubles qu'il le fallait, la loi exige que chaque original contienne la mention du nombre des originaux qui en ont été faits. Sans cette sage disposition, une partie qui aurait détruit son double, pourrait refuser ensuite d'accomplir son engagement, sous le prétexte que, n'ayant eu aucun moyen de forcer l'autre à l'exécution de la convention, celle-ci ne doit pas pouvoir l'y contraindre.

La convention peut toujours être constatée par tout mode de preuve légal, si la perfection n'en a pas été subordonnée à la rédaction de l'écrit. Le dernier alinéa de l'art. 1325 prouve que le législateur n'a pas voulu porter atteinte à ce principe. Le défaut de mention, dit-il, que les originaux ont été faits doubles, triples, etc., ne peut être opposé par celui qui a exécuté de sa part la convention portée dans l'acte.

Quoique l'art. 1325 ne parle que du défaut de mention, l'opinion que l'absence elle-même de doubles se couvre par l'exécution, qui produit l'effet attaché à toute ratification volontaire, est fondée sur le texte de l'art. 1338, 2°, et sur un arrêt de cassation du 15 février 1814.

La convention qui ne pourrait pas être prouvée par l'acte lui-même, pourrait l'être de toute autre manière admise par la loi, et l'exécution en devrait être ordonnée. L'original, représenté comme un commencement de preuve par écrit, suffirait pour autoriser la preuve testimoniale. Le juge pourrait, aux termes de l'art 1353, admettre des présomptions graves, précises et concordantes; enfin, l'art. 1367 serait applicable dans ce cas, où la demande n'est ni pleinement justifiée ni complétement dénuée de preuves, et le juge pourrait déférer d'office le serment à celui qui produit l'écrit non fait double, qui contient une convention synallagmatique.

L'omission d'avoir passé l'acte en double pourrait se réparer par la notification faite par l'un des contractants à l'autre, parce que chacune des parties a alors un titre qu'aucune d'elles ne peut supprimer sans l'aveu de l'autre. Le dépôt pour minute chez un notaire de l'acte non fait double avec la notification du dépôt à l'autre contractant réparerait aussi ce défaut. « Lorsque l'acte est retenu dans un dépôt public, « il n'y a plus de raison pour exiger qu'il soit fait double, puisqu'il n'est « plus à la disposition d'une seule des parties » (M. Tronchet au conseil d'État, lors de la discussion de l'art. 1318). La cour de Paris a aussi jugé dans ce sens, le 27 janvier 1806.

C'est moins à la dénomination de l'acte qu'à la nature de l'engagemnt qui en résulte qu'il faut s'attacher, pour savoir si le principe de l'art. 1325 est applicable. Il ne s'applique pas, en effet, à tout contrat synallagmatique de sa nature, mais seulement aux actes sous seing-privé qui contiennent des conventions synallagmatiques emportant des obligations à remplir par chacune des parties, ou des renonciations de part et d'autre, ou bien des renonciations à certains droits de la part de l'une d'elles, avec obligation pour l'autre de faire ou de payer telle chose. La cour de Montpellier a jugé, le 20 juin 1828, que, quoique l'on eût qualifié vente un contrat qui portait quittance du prix, l'acheteur seul avait intérêt à avoir l'original en sa possession, puisque le vendeur était seul obligé et qu'il ne restait plus qu'un engagement unilatéral.

Les contrats de dépôt, de commodat, de mandat et de gage, dans lesquels l'obligation du déposant, du mandant, etc., ne naît généralement qu'après le contrat, *ex post facto*, n'ont pas besoin d'être faits doubles. C'est l'opinion de MM. Delvincourt[6], Toullier[7] et Duranton[8].

Quant aux actes sous seing-privé qui ne contiennent des obligations que d'un seul côté, l'art. 1326 porte : « Le billet ou la promesse sous seing-privé, par lequel une seule partie s'engage envers l'autre à lui payer une somme d'argent ou une chose appréciable, doit être écrit en entier de la main de celui qui le souscrit ; ou du moins il faut qu'outre

[6] T. II, p. 490, n° 1.
[7] T. VIII, n° 526.
[8] T. XIII, n° 450.

B   7.

sa signature, il ait écrit de sa main un *bon* ou un *approuvé*, portant en toutes lettres la somme ou la quantité de la chose. »

Cet article est la reproduction d'une déclaration du 22 septembre 1733, qui avait pour but de réprimer les fraudes pratiquées soit au moyen des blanc-seings, soit au moyen de signatures surprises après coup.

M. Merlin [9] rapporte que, jusque dans le siècle dernier, des arrêts ont déclaré nuls des blanc-seings non ratifiés, tandis que d'autres décisions en maintenaient la validité. Le blanc-seing est la procuration la plus générale et la plus illimitée qu'on puisse donner. Des instructions particulières en restreignent pourtant d'ordinaire l'étendue. Le mandataire qui les a dépassées est assujetti aux dommages-intérêts qu'entraîne son infidélité envers son commettant, mais celui-ci n'en est pas moins engagé envers les tiers de bonne foi. Aucun texte dans la législation n'en autorise positivement l'usage, mais l'art. 407 du Code pénal le reconnaît implicitement et en proscrit l'abus : « Quiconque, porte cet article, abusant d'un blanc-seing qui lui aura été confié, aura frauduleusement écrit au-dessus une obligation ou décharge, ou tout autre acte pouvant compromettre la personne ou la fortune du signataire, sera puni des peines portées en l'art. 405. Dans le cas où le blanc-seing ne lui aurait pas été confié, il sera poursuivi comme faussaire et puni comme tel. » La cour de cassation a jugé (22 octobre 1812 et 2 juillet 1829) que celui-là ne confie pas un blanc-seing qui laisse son nom ou sa signature comme adresse ou comme souvenir.

L'acte sous seing-privé qui ne contiendrait pas le bon et approuvé, exigé par l'art. 1326, ne serait pas nul comme acte, la loi du moins ne prononce pas cette nullité, et dans tous les cas, la convention qu'il renferme, subsisterait et pourrait être prouvée de toute autre manière légale. Le billet signé, mais non approuvé, forme un commencement de preuve par écrit, suffisant pour faire admettre la preuve testimoniale (*sic* jugé. Turin, 20 avril 1808).

[9] *Répertoire*, vº Blanc-seing.

Quand l'approbation est exigée, elle doit non-seulement porter les mots: « J'approuve l'écriture ci-dessus, » mais aussi en toutes lettres la somme et la quantité de la chose. Plusieurs arrêts de cassation l'ont ainsi décidé.

Le billet signé par plusieurs et écrit de la main d'un seul, est valable pour la part de ce dernier, mais nul pour les autres, s'ils n'ont pas mis le *bon* et *approuvé*. Ainsi jugé à Bruxelles, le 23 juillet 1811, et à Paris, le 16 mai 1812.

Les mots: par lequel *une seule partie* s'engage, etc., etc., dont se sert l'art. 1326, ne veulent pas dire: *une seule personne*. La disposition de la loi doit s'entendre des billets ou promesses unilatérales souscrites par plusieurs, même solidairement, comme de celles qui ne sont souscrites que par un seul. Deux arrêts de cassation du 8 août 1815, et 6 mai 1816 se sont prononcés positivement à cet égard.

Si les signataires sont solidaires, M. Delvincourt[10] enseigne que l'acte n'est valable qu'à l'égard de ceux qui ont mis le bon et approuvé et dans la proportion de l'intérêt de chacun, sans que le créancier puisse invoquer la solidarité, car autrement ceux qui auraient mis le bon se trouveraient lésés, puisqu'ils seraient obligés de payer le tout sans pouvoir exercer de recours contre les autres. D'ailleurs, c'est au créancier à s'imputer de n'avoir pas exigé le bon et approuvé de tous les signataires de l'acte.

La disposition finale de l'art. 1326 dispense de la nécessité du bon et approuvé les billets souscrits par les marchands, artisans, laboureurs, vignerons, gens de journée et de service. Ces personnes savent souvent signer sans savoir écrire, et c'eût été les obliger à recourir aux notaires pour les actes les plus simples. On fait toutefois ce reproche à l'art. 1326, d'excepter de prendre les précautions qu'il exige des autres personnès, celles-là précisément qui, à raison de leur peu d'instruction et d'habitude des affaires, doivent en être le plus soigneusement entourées.

[10] T. II, p. 180, note 8.

Le mot *marchands* comprend ici plus spécialement les détaillants. La cour de Metz a jugé, 21 juin 1815[11], que les aubergistes, hôteliers et cabaretiers doivent être réputés marchands et compris dans l'exception de l'art. 1326. La cour de Paris [12] comprend sous le nom de *laboureur* non-seulement celui qui exploite ses propres terres, mais aussi celui qui exploite celles d'autrui, pourvu qu'il soit réellement laboureur.

C'est à la qualité du signataire au moment de la confection de l'acte qu'on doit se reporter pour savoir si l'acte était affranchi de la formalité du bon et approuvé.

Il se peut que la somme mentionnée dans l'approbation diffère de celle exprimée au corps de l'acte. En faveur du débiteur, on présume alors pour la somme moindre; si la somme portée dans l'approbation est supérieure à celle contenue dans le corps du billet, on suppose qu'il y a eu erreur dans cette approbation; si, au contraire, elle est inférieure, on suppose que le débiteur a voulu restreindre l'étendue de son engagement. Cette doctrine exprimée au Code, art. 1327, était celle de Pothier [13] et de l'ancienne jurisprudence. Il est évident néanmoins qu'on devrait s'écarter de cette règle d'interprétation, si, par exemple, la cause de la dette était exprimée dans l'acte et qu'il résultât clairement de cette énonciation que c'est la somme la plus forte qui est due.

Quand il s'agit d'une quittance, la faveur de la libération fait présumer pour la somme la plus forte.

L'acte unilatéral sous seing-privé écrit sur feuille volante, ne fait point une preuve d'obligation contre celui qui l'a souscrit, lorsqu'il se retrouve en sa possession. La remise à celui en faveur de qui il a été souscrit prouve seule que le signataire a eu l'intention de s'obliger.

[11] Sirey, 1816. 2e part., p. 76.
[12] 7 janvier 1817. — Sirey, 1818. 2e part., p. 56.
[13] *Obligat.*, nos 746 et 747.

COMMENT ON ATTAQUE LA FOI D'UN ACTE SOUS SEING-PRIVÉ.

Les actes sous seing-privé n'ont jamais joui du privilége exorbitant qui fait réputer authentique jusqu'à inscription de faux l'acte revêtu des apparences de l'authenticité. Pour détruire l'autorité de ces actes dont la falsification est plus facile, il suffit (art. 1323) que celui à qui l'on oppose un écrit privé, revêtu de sa signature apparente, la méconnaisse, et le fardeau de la preuve incombera au porteur de l'écrit.

Il devra avoir recours à la vérification d'écriture.

Quoique moins compliquée que celle de l'inscription de faux, cette procédure[14] comprend trois phases : La première tend à obtenir la reconnaissance de l'écriture, quand on conclut spécialement à la vérification de l'écrit. La seconde comprend l'instruction qui a pour objet de vérifier l'écriture et qui peut se faire par titres, par experts[15] ou par témoins (C. de pr. civ., art. 195), concurremment ou successivement. Puis enfin le jugement.

Quant à l'effet du jugement[16], si la pièce est jugée non véritable,

[14] C. de pr. c., 1re part., liv. 2, tit. X, art. 193 à 214.

[15] Nous voyons par la novelle 73, *De Instrument. fide et cautelá (in principio)*, que de tout temps les experts ont commis de fréquentes et graves erreurs et que déjà alors leurs rapports étaient loin d'inspirer une entière confiance. *In his temporibus, innumeras invenimus falsitates, in judiciis multis, quorum fuimus auditores et quoddam inopinabile ex Armeniá nobis exortum est. Oblato namque commutationis documento, et litteris dissimilibus judicatis, quoniam posteá inventi sunt ii qui de documento testati sunt, subscriptionem subdentes et eam recognoscentes, fidem suscepit documentum*, etc. Aussi pensons-nous qu'on ne doit, qu'avec une extrême précaution, s'attacher aux conclusions d'une expertise.

M. Le Vayer, dans son *Traité de la preuve par comparaison d'écriture*, § 37, appelle merveilleuse, admirable, cette définition de l'expertise donnée par Baldus : *Scriptura ex quá fit comparatio nihil aliud est nisi argumentum à simili et verisimili.* Le fondement de la preuve, dit-il, n'est autre chose que la ressemblance et l'on ne trouvera pas qu'il en puisse jamais résulter autre chose que la vraisemblance.

[16] M. Rauter, *Cours de Procéd.*, n° 201.

elle est rejetée et né peut plus être produite entre les mêmes parties , même en d'autres instances. Il y a chose jugée. Mais on ne doit pas la regarder comme fausse et elle peut être invoquée pour ou contre le défendeur ou le demandeur dans une autre instance, avec une autre partie (C. de pr., arg. art. 214 et 250). Si elle est reconnue véritable, elle prouve pour le procès actuel ce qu'elle énonce, mais non pour d'autres affaires (C. de pr., arg. art. 200).

Le Droit romain prononçait une peine contre celui qui déniait sa signature (L. 16 au *C. de fid. Instrum.* [17]), et cette peine variait selon qu'il était convaincu par la comparaison d'autres écrits revêtus de sa signature ou par la déposition du notaire et des témoins.

L'art. 213 du Code de procédure porte que s'il est prouvé que la pièce est écrite ou signée par celui qui l'a déniée, il sera condamné à cent cinquante francs d'amende, outre les dépens, dommages et intérêts de la partie, et pourra être condamné par corps.

---

[17] *Si conventus quis negaverit manum propriam prolatam in libello... et convincatur det pœnœ nomine actori pro mendacio solidos XXIV.*

DES ÉCRITS NON SIGNÉS.

On peut diviser en trois classes les écrits qui, quoïque non signés, sont susceptibles d'être pris en considération et font même foi dans quelques circonstances : ce sont 1° les livres des marchands ; 2° les écrits qui se trouvent dans des registres ou papiers domestiques ; 3° ceux qui se rattachent à un acte signé, à un titre régulier, dont ils tendent à modifier ou à détruire les effets.

Il sera parlé plus loin des premiers dans un article spécial.

« Les registres et papiers domestiques ne font point un titre pour « celui qui les a écrits, » dit l'art. 1331 [1].

Ils ne peuvent habituellement former tout au plus qu'un commencement de preuve par écrit. On pourrait tirer une exception à cette disposition de l'art. 1781, qui porte que le maître est cru sur son affirmation pour la quotité des gages, pour le payement du salaire de l'année échue, et pour les à-comptes donnés sur l'année courante. Si une question de ce genre s'élevait après la mort du maître qui a tenu ces registres, il nous semble qu'ils devraient faire foi. C'est aussi l'opinion de M. Delvincourt.

Ces registres et papiers qui ne font pas un titre en faveur de celui

---

[1] *Si pro se fecerit scripturam, nullam omninò fidem habere, tanquàm testimonium penitùs domesticum, vulgati juris est* (Boiceau, p. 2, ch. VIII, § 14).

qui les écrit, en peuvent faire un contre lui dans deux cas spéciaux que l'art. 1331 indique :

1° Toutes les fois qu'ils énoncent formellement un payement reçu.

Cette première exception se trouve dans Boiceau [2], qui en donne les motifs : ..... « *Confessio, quandò vergit ad obligandum , extrà judicium* « *factu et parte absente, non satis efficax censetur ad obligationis effec-* « *tum : secùs enim si talis confessio etiam non subsignata vergat ad libe-* « *randum, cùm, favore liberationis, ei facilè credatur, et maximè si is* « *qui in adversariis suis hæc scripsit, fuerit, ut loquitur Paulus, homo* « *diligens et studiosus pater familiâs, etc., etc.* » On peut ajouter à cette raison de la faveur de la libération, la grande vraisemblance qu'il n'arrivera guère qu'on inscrive comme fait un payement qui n'a pas eu lieu.

2° Lorsqu'ils contiennent la mention expresse que la note a été faite pour suppléer le défaut du titre, en faveur de celui au profit duquel ils énoncent une obligation.

Cette seconde exception est empruntée à Pothier [3], qui cite le cas où il serait dit que le créancier n'a pas voulu recevoir de billet. Cette mention sera alors destinée à lui servir de titre, et le débiteur ne manquera probablement pas de la rayer, lorsque l'obligation sera éteinte.

Boiceau pense encore que la note par laquelle on se reconnaît débiteur, si elle est signée, fait foi contre son auteur. « *Si contrà se*, dit-il [4], « *puto has domesticas adnotationes fidem facere, si modo subsignatæ fue-* « *rint.* » Le Code ne reproduit pas cette opinion ; il est donc laissé à la prudence du juge de voir là une preuve complète, ou un commencement de preuve par écrit.

L'écriture privée non signée, qui se trouverait sur une feuille volante, serait à considérer comme simple note, pouvant tout au plus

[2] Part. 2, chap. VIII, § 44.
[3] Obligat., n° 259.
[4] *Loco citato.*

servir, suivant les circonstances, de commencement de preuve par
écrit.

L'écrit non signé peut, comme nous avons dit, se rattacher à un
titre préexistant, et tendre soit à prouver l'extinction de la créance
constatée par ce titre, soit, au contraire, à établir une créance additionnelle. Cette seconde hypothèse, prévue par Boiceau[5] et reproduite
par Pothier[6], est passée sous silence dans le Code.

Le premier cas, celui où l'écrit non signé, ajouté à un titre régulier, tend à prouver l'extinction de la créance que ce titre constate, fait
l'objet des dispositions de l'art. 1332. Il avait été traité par Pothier,
qui enseigne que les écritures mises à la suite, en marge ou au dos d'un
écrit signé, lorsqu'elles tendent à la libération du débiteur, font pleine
foi du payement, quoique non datées ni signées, non-seulement lorsqu'elles sont écrites de la main du créancier, mais encore de quelque
main qu'elles soient écrites, fût-ce même de celle du débiteur, lorsque
l'acte n'a jamais cessé d'être entre les mains du créancier, parce qu'il
est plus que probable que le créancier n'aurait pas laissé écrire les
reçus sur le billet qui était en sa possession, si les payements ne lui avaient
pas été faits effectivement.

C'est de là que cette doctrine fut transportée à l'art. 1332, mais en
une rédaction qui, après plusieurs changements, est restée obscure
et incorrecte, et force à recourir à l'original pour bien saisir le sens
de la loi.

Le premier alinéa de l'art. 1332 porte : « L'écriture mise par le créan-
« cier à la suite, en marge ou au dos d'un titre qui est toujours resté
« en sa possession, fait foi, quoique non datée ni signée par lui, lors-
« qu'elle tend à établir la libération du débiteur. »

Le projet de Code ne portait pas ces mots : par le créancier, qui sont
plus qu'inutiles, car ils forment un non-sens. Le titre étant toujours
resté entre les mains du créancier, l'écriture, de quelque main qu'elle

[5] Part. 2, ch. II, §§ 2 et 5.
[6] Oblig., n° 765.

B   8.

soit, doit faire foi par l'excellente raison que donne Pothier qu'un créancier ne laissera pas écrire sur un titre qu'il détient des reçus constatant des payements qui n'ont pas été faits. Mais du moment que l'écriture est de la main du créancier, il devient bien inutile d'exiger que le titre soit toujours resté en sa possession.

Le second alinéa de l'art. 1332 est ainsi conçu: « Il en est de même de l'écriture mise par le créancier au dos, ou en marge, ou à la suite du double d'un titre ou d'une quittance, pourvu que ce double soit entre les mains du débiteur. »

Ici les mots : *mise par le créancier*, omis d'abord, étaient nécessaires. La fraude eût été trop facile. Mais les mots : *à la suite du double d'un titre ou d'une quittance*, feraient croire que le double s'applique également. au titre et à la quittance; or, la quittance ne se fait jamais double; on en fait une simple qu'on remet au débiteur; on devrait donc lire à la fin de l'article : *pourvu que ce double ou cette quittance*. Et puis ces mots : *pourvu que*, font dépendre la libération du débiteur de la condition que le double du titre ou la quittance se trouve entre ses mains. Or, si l'on devait entendre que le débiteur n'est pas libéré, quoique l'écriture mise au pied du titre soit de la main du créancier, parce que le double de ce titre ou cette quittance se trouve entre les mains du créancier ou d'un tiers, ce serait à la fois une fausseté et une contradiction avec la première disposition.

Nous nous reporterons donc à Pothier [7] pour la saine intelligence de cette disposition. Il suppose qu'un double se trouve entre les mains du débiteur; par exemple, le double d'un titre de vente entre les mains de l'acheteur débiteur du prix, et veut que le reçu non signé, mais écrit par le créancier à la suite de ce double, fasse foi contre lui. Pothier suppose le double où se trouve le reçu, entre les mains du débiteur, pour exiger qu'alors l'écriture soit de la main du créancier et non d'un tiers ou du débiteur lui-même, mais il n'entend nullement

[7] Oblig. 762.

refuser foi à l'écriture mise par le créancier à la suite d'un double qui se trouve entre ses mains.

Pour la seconde hypothèse, celle où l'écriture non signée ajoutée à un titre en règle tendrait à établir une créance additionnelle, Boiceau fait une distinction, et voici comment il s'exprime : « In quâ questione, « sic putarem esse distinguendum — aut enim scriptura post signum « posita est, eâdem manu, eodem momento et conjunctâ oratione, seu « continuatâ de eâdem re ac materiâ, de quâ ante signum scriptum « erat, sub his ferè verbis : *Item sub eodem signo meo, suprà apposito,* « *promisi Titio, ultrà superiûs scripta, tale quid facere, vel solvere,* etc., « aut similibus quæ superiori parti conjuncta videbuntur factâ tamen « præcedentis signi mentione; et tunc putarem ex hujusmodi opistogra- « pho actionem oriri, et sub hâc lege, scripturam illam contineri : cùm « videatur unus et idem continuatus sermo, ad idem signum pariter « relatus et inesse priùs factæ dicatur id quod in continenti adjectum est. « — Aut verò post-scripta ad signum se non referunt, de eoque men- « tionem non faciunt, neque sunt eâdem manu scripta aut ejusdem « materiæ cum scripturâ primâ, et tunc existimarem, ex hâc posteriori « scripturâ, nihil cautionis elici posse; sed nudam tantùm et imperfec- « tam esse ejusmodi scripturam, et in quâ fortasse scribens perseve- « verare noluerit, cùm ei non iterùm subsignaverit, atque ità ex tali « imperfecto, agi non posse. »

Pothier approuve et reproduit littéralement cette doctrine (n°. 763). Le Code ne prévoit pas ce cas.

Il est certain que toutes ces écritures non signées ne seront de quelque utilité qu'autant qu'elles seront reconnues. Elles devront donc, si leur sincérité est contestée, être vérifiées avant de pouvoir servir même de commencement de preuve par écrit.

Tailles.

On peut assimiler les tailles aux écrits non signés. Leur usage remplace dans certains cas l'écriture, par exemple pour les fournitures de détails qu'il serait souvent long et gênant de consigner par écrit.

Ducange (*glossarium mediæ et inf. Latinit.*) dit que ce mot se rend en latin par *talea, talia, tallia* et *tallium.* Il définit la taille: Tessera lignea in duas partes scissa in quârum utràque debitum continetur transversarià quàdam cæsurâ denotatum. — « C'est une marque de bois, dit-il, fendue en deux, sur laquelle est marquée la dette par une coupure qui s'étend sur les deux parties, dont une moitié demeure au débiteur et l'autre au créancier, et ces mots *talea* ou *talia* signifient une branche d'arbre qui a été coupée, *ramus incisus*[1]: »

Au moment de la fourniture, on rapproche la *taille,* moitié gardée par le fournisseur, de l'*échantillon,* moitié remise au consommateur, et l'on y fait des entailles transversales ou *coches.*

Quand les deux moitiés sont représentées et se correspondent, les fournitures se trouvent constatées par l'aveu du consommateur, comme si cet aveu était consigné dans un acte authentique.

« Les tailles corrélatives à leurs échantillons, porte l'art. 1333, font « foi entre les personnes qui sont dans l'usage de constater ainsi les « fournitures qu'elles font ou reçoivent en détail. »

Au sentiment de Boiceau, ces tailles sont un commencement de preuve par écrit qui doit faire admettre la preuve par témoins : « Pro « his igitur tesserulis, in judicio recognitis, putarem superius factum « recipi debere, ac testibus probari, cùm jam non nulla fides ex hujus « modi taleis eliciatur, ut in jure novum non est[2]. » Il pense que les tailles doivent faire foi entre les parties, même au-dessus du taux fixé pour l'admissibilité de la preuve testimoniale. Les termes généraux de l'art. 1333 nous paraissent devoir faire adopter la même opinion.

Ce n'est pas seulement entre les parties que les tailles font foi, mais aussi contre les autres créanciers du débiteur commun en cas de fail-

---

[1] Danty. Addit. sur le chap. IX, part. 2, § 1.
[2] Part. 2, chap. XI, § 7.

lite ou de déconfiture, quand même les autres créanciers auraient des titres notariés. Les fournisseurs à la taille viendront avec eux en concurrence et par contribution sur les meubles. C'est encore le sentiment de Boiceau (*op. loc citat*). C'est aussi celui de M. Toullier[2], qui leur accorde même de préférence aux autres créanciers hypothécaires, en vertu des art. 2101 et 2104, un privilége sur tous les biens meubles et immeubles, quand il s'agit : « de fournitures de subsistances faites « au débiteur et à sa famille; savoir pendant les six derniers mois, par « les marchands en détail, tels que boulangers, bouchers et autres, etc. »

Si le fournisseur attaque son débiteur en exhibant la taille et que celui-ci ne représente pas l'échantillon, il peut se présenter deux cas : 1° Le débiteur allègue avoir perdu l'échantillon. Alors il est en faute et devait s'en procurer un nouveau; la moitié qui est entre les mains du fournisseur fera foi, à moins qu'il ne soit prouvé qu'il y a fraude de sa part. 2° Le consommateur nie qu'il y ait jamais eu de fourniture constatée par la taille. M. Toullier[4] prétend qu'on pourra prouver par témoins l'existence de l'échantillon et l'habitude de s'en servir. Nous pensons que la taille pourra tout au plus être considérée comme équivalant à l'écriture insérée par le marchand sur ses livres, et permettre au juge de déférer le serment supplétoire au fournisseur ou à son adversaire.

[3] T. VIII, n° 410.
[4] *Eod. loc.*, n° 409.

DES COPIES DES TITRES.

————◆◆◆◆◆————

Le Code n'emploie guère le mot *titre* que pour désigner l'acte authentique, et s'il le met en tête des art. 1334, 1335 et 1336, c'est qu'en effet les dispositions de ces articles ne concernent que les copies des actes authentiques.

Les copies d'actes privés, délivrées même par des notaires, n'auraient aucune autorité. L'original de ces actes fait seul foi.

D'un autre côté, la reproduction d'un acte authentique par un simple particulier n'aurait aucune foi.

Il s'agit donc seulement des copies d'actes authentiques délivrées par des officiers publics, tels que les notaires et les greffiers.

« Les copies, lorsque le titre original subsiste, ne font foi que de ce « qui est contenu au titre, dont la représentation peut toujours être « exigée » (art. 1334).

C'est une vérité de raison et d'expérience, que le témoignage direct doit toujours être préféré au témoignage indirect. L'art. 1334 est une application de cette vérité.

On devra donc se procurer ce témoignage toutes les fois qu'il sera possible. La partie à qui l'on opposera une expédition, même la plus régulière, d'un acte dont l'original subsiste, pourra demander l'apport de cet original et sa confrontation avec la copie, et les juges devront l'ordonner.

La cour de cassation a jugé (15 juillet 1829) que la crainte de retarder la marche de la justice ne saurait autoriser le refus de vérification.

Elle a jugé aussi (arrêt de rejet du 10 novembre 1830) que celui qui produit l'expédition n'est pas tenu de rapporter la preuve de l'événement qui a causé la perte de l'original. L'acte est légalement réputé perdu par cela seul que le titre original ne se retrouve pas au lieu où il a dû être déposé.

La preuve s'affaiblit à mesure qu'elle s'éloigne de sa source. Les copies des actes auront moins de foi, à mesure qu'elles s'éloigneront de la minute. Cette progression décroissante est établie par l'art. 1335.

Sa première disposition porte que « les grosses ou premières expédi- « tions font la même foi que l'original. »

Il est défendu aux notaires, sous peine de destitution (loi du 25 ventôse an XI, art. 26), de délivrer plus d'une grosse à chaque partie. — Quant aux expéditions non exécutoires, il est permis d'en délivrer plusieurs, mais la première seule fait pleine foi, en cas de perte de l'original.

Le notaire pourrait-il délivrer une grosse ou une première expédition d'un acte en brevet qu'il a reçu et dont le porteur vient ensuite faire dans son étude le dépôt pour minute? Nous ne le croyons pas. — Argument de l'art. 21 de la loi sur le notariat qui porte que tout notaire pourra délivrer *copie* d'un acte qui lui a été déposé pour minute, et de l'opposition du mot *copie* aux mots *grosses* et *expéditions*.

L'art. 1335, 1°, met au même rang que les grosses ou premières expéditions, les copies qui ont été tirées par l'autorité du magistrat, parties présentes ou dûment appelées, et celles qui ont été tirées en présence des parties et de leur consentement réciproque. *Fidem facit de suo originali*, avait dit Dumoulin[1], *et contentis in eo et tantum probat quantum originale;* mais il ajoute qu'il n'en est pas ainsi à l'égard des tiers et

[1] *Comm.* Sur la cout. de Paris, t. I, § 8, n° 37.

des personnes non appelées. « *H anc conclusionem limito ut procedat contrà* « *eum cum quo, vel quo vocato solemniter facta est exemplatio, contrà* « *quem plenè probat, sicut originale et retrotrahitur ad datam originalis.* « *Secùs contra alium, quia non faceret fidem.* » Il paraît clair qu'on ne peut forcer un coobligé, un codébiteur solidaire à reconnaître pour conforme à l'original une copie dont il n'a pas été appelé à contrôler la rédaction. — Mais suivant Dumoulin, dont M. Toullier reproduit et partage l'opinion[2], on ne pourrait invoquer ces copies contre les tiers pour leur opposer la prescription de dix ou vingt ans; la prescription ne courrait que de la date de l'expédition et non de celle de l'original. Nous pensons cependant que la date de cet original étant un fait dont le notaire a pu se convaincre; *propriis sensibus,* la copie qui la relate offre toutes les garanties désirables.

L'art. 1335 ajoute, n° 2 : « Les copies qui, sans l'autorité du magis-« trat, ou sans le consentement des parties et depuis la délivrance des « grosses ou premières expéditions, auront été tirées sur la minute « de l'acte par le notaire qui l'a reçu, ou par l'un de ses successeurs, « ou par officiers publics qui, en cette qualité, sont dépositaires des « minutes, peuvent, au cas de perte de l'original, faire foi quand elles « sont anciennes. — Elles sont considérées comme anciennes, quand « elles ont plus de trente ans. Si elles ont moins de trente ans, elles ne « peuvent servir que de commencement de preuve par écrit. »

Les deux motifs que ces copies peuvent avoir été tirées à une époque éloignée du contrat, et qu'elles ne sont délivrées ni du consentement de la partie adverse ni par autorité de justice, les empêchent de pouvoir ordinairement faire foi complète. Toutefois il semble que le danger le plus grave, celui de la fraude, devient peu probable, quand la copie a trente ans, et il est difficile de présumer, comme le fait observer M. Delvincourt[3], que l'on se soit préparé trente ans d'avance un moyen de fraude.

[2] T. VIII, n° 430.
[3] T. II, n° 9 de la page 492.

Si la présomption d'inexactitude dominait, le laps de trente ans aurait-il le pouvoir de transformer l'erreur en vérité? Nous ne le croyons pas : le n° 2 (*in fin.*) de l'art. 1335 dit que ces copies *peuvent* faire foi quand elles sont anciennes ; elles ne le feront donc pas dans tous les cas.

La copie qui a moins de trente ans est considérée comme commencement de preuve par écrit; ce qui prouve que, lorsque l'art. 1347 appelle commencement de preuve par écrit tout acte émané de celui contre lequel la demande est formée, il ne veut pas dire que tout commencement de preuve par écrit doive *nécessairement* émaner de celui contre lequel la demande est formée.

On admettra, pour compléter cette preuve, la preuve testimoniale et aussi les présomptions aux termes de l'art. 1353.

Les juges pourront même d'office déférer le serment supplétoire au porteur de cette copie qui fait commencement de preuve (art. 1367).

Le cas prévu par le n° 3 de l'art. 1335 ne peut guère se présenter que par suite d'événements extraordinaires. « Lorsque les copies, dit-il, « tirées sur la minute d'un acte, ne l'auront pas été par le notaire qui « l'a reçu, ou par l'un de ses successeurs, ou par officiers publics qui en « cette qualité sont dépositaires des minutes, elles ne pourront servir, « quelle que soit leur ancienneté, que de commencement de preuve « par écrit. »

Cette disposition recevait son application fréquente autrefois. Les notaires remettaient aux parties les minutes ou les brefs des actes et contrats, et la conservation des actes n'était pas, comme aujourd'hui, garantie par la défense faite aux notaires par la loi de ventôse, art. 22, de se dessaisir de leurs minutes sous aucun prétexte.

Il n'arrivera plus, à moins d'événement extraordinaire, qu'on se fasse délivrer une copie par un notaire autre que celui qui est dépositaire de la minute.

Cette disposition s'applique à tous les officiers publics et par conséquent aussi aux greffiers que la loi investit (C. de proc. civ. , art. 1040) du droit de garder les minutes et de délivrer les expéditions.

Il se peut qu'une personne éloignée de son domicile pour ses affaires ait à produire en plusieurs endroits un acte dont elle possède l'expédition et qu'elle prie un notaire de lui en délivrer une copie certifiée conforme à l'expédition qui lui est présentée. Ce sont les copies de copies dont l'art. 1335 , 4°, dit : qu'elles pourront, suivant les circonstances, être considérées comme de simples renseignements.

Dumoulin en dit (*op. loc. cit.,* n° 33) : « *Exemplum exempli nullo* « *modo probat, sicut nec testimonium de auditâ auditûs , vel de auditu* « *alieno* » Et il ajoute : « *Etiam si esset sumptum de exemplo solemnis-* « *simè exemplato cum vero et publico et indubitato originali , et judice* « *auctore , etiàm partibus præsentibus et expresse consentientibus.* »

Ne pourrait-on pas cependant élever à un degré supérieur d'autorité les copies tirées du consentement réciproque des parties? La cour de cassation (arr. de rej., 17 décemb. 1838) a décidé que les copies de copies peuvent faire foi quand elles ont été reçues sans contradiction dans un procès.

Ces copies de copies auront pour effet de produire ce que Dumoulin appelle *præsumptionem qualem qualem.* Comme toutes les présomptions , elles feront nombre , fortifieront d'autres conjectures et pourront persuader quand elles se joindront à d'autres présomptions graves , précises et concordantes (art. 1353)

Elles doivent , en tous cas, être tirées par deux notaires ou par un notaire assisté de deux témoins, puisque la loi ne leur donne quelque force qu'autant qu'elles sont tirées par des personnes publiques, dans l'exercice de leurs fonctions. Autrement elles sont , suivant Pothier , absolument informes.

La transcription sur les registres publics se faisant ordinairement sur la grosse à une époque très-rapprochée de la confection de l'acte , par un officier public, chargé spécialement de cette fonction, la loi lui accorde] plus de confiance qu'aux autres copies de copies. Elle

permet d'y voir un commencement de preuve par écrit à condition
(art. 1336) : 1° « Qu'il soit constant que toutes les minutes du notaire
« de l'année dans laquelle l'acte paraît avoir été fait, soient perdues,
« ou que l'on prouve que la minute de cet acte a été perdue par un ac-
« cident particulier. »

2° « Qu'il existe un répertoire en règle du notaire qui constate que
« l'acte a été fait à la même date. »

« Lorsqu'au moyen du concours de ces deux circonstances, la preuve
« par témoins sera admise, il sera nécessaire que ceux qui ont été té-
« moins de l'acte, s'ils existent encore, soient entendus. »

ACTES RÉCOGNITIFS.

En règle générale, l'acte récognitif ne dispense pas de la représentation du titre primordial (art. 1337).

Cependant le Code fait exception à ce principe dans deux cas :

1° Si l'acte récognitif relate spécialement la teneur de l'acte primordial.

Dumoulin distinguait deux reconnaissances d'un acte : l'une qu'il appelait : *ex certâ scientiâ, in formâ speciali*, référant la teneur du titre primordial; l'autre : *in formâ communi*, qui ne la contenait pas.

La loi quand elle exige ici la relation de la teneur du titre primordial, entend-elle la copie littérale et tout au long du titre? Elle ne s'occupe des actes récognitifs qu'après avoir déjà parlé des copies d'actes dans les art. 1334 à 1336. Ce n'est donc plus une copie qu'elle veut. Une simple mention ne suffirait pas non plus; mais la relation des principales dispositions de l'acte primordial pourrait remplir son but.

La reconnaissance même *in formâ speciali* ne dispenserait pas le créancier de produire l'acte primordial, s'il reconnaissait qu'il existe. Un acte récognitif fait dans cette forme fera foi sans être ancien (Arg. *à fort.* de l'art. 1335, 1°).

2° S'il existe plusieurs actes récognitifs, conformes l'un à l'autre, soutenus par la possession, et dont l'un ait au moins trente ans de date.

« Dans cette hypothèse, le créancier n'est pas absolument dispensé
« de représenter l'acte primordial ; mais s'il allègue que cet acte est
« adiré, le juge peut, suivant la vraisemblance de cette allégation, re-
« connaître à l'acte récognitif une force probante égale à celle de l'acte
« primordial[1]. »

Toutes ces distinctions n'ont lieu qu'autant que le titre primordial
n'est pas représenté. S'il est représenté, ce que le titre récognitif, quel
qu'il soit, contient de plus ou de différent, est entièrement nul.

Peut-on admettre l'exception faite, en faveur du débiteur, par Pothier
au principe qu'il faut toujours s'en rapporter au titre primordial, quand
il est représenté, et dire que si le titre récognitif contient plus que le
titre primordial, il est nul pour l'excédant, quand même le payement
ou la prestation aurait été continué ainsi pendant plus de trente ans?
L'affirmative s'appuie sur les raisons suivantes : les rédacteurs du Code
ne se sont sans doute pas écartés ici de la doctrine de Pothier, qu'ils
ont suivie pas à pas dans cette matière. L'art. 1337 porte : *ce qu'ils
contiennent de plus que le titre primordial, ou ce qui s'y trouve de différent*. Il eût été facile de dire : *ce qu'ils contiennent de plus ou de moins*,
et de faire rentrer ce cas dans la règle générale. — La loi se montre toujours favorable à la libération. — On peut présumer qu'il y a eu rem-
boursement partiel, ou qu'il est survenu entre les parties un arrange-
ment dont le titre s'est égaré. — Enfin, on peut prescrire contre son titre
en ce sens que l'on prescrit la libération d'une obligation (art. 2241).

[1] *Cours de Droit civil* de MM. Aubry et Rau, t. II, § 358.

DROIT COMMERCIAL.

Comme autrefois à Rome les *argentarii*[1], nos commerçants sont astreints à tenir, avec de certaines formalités déterminées, des registres qui mettent à même d'apprécier, au besoin, leur probité et la prudence de leurs opérations. La loi attache à la tenue régulière de ces livres le privilége singulier de pouvoir faire foi en justice, ce qui n'est jamais admis pour les papiers domestiques.

Les livres pour la tenue desquels la loi détermine des formes spéciales (art. 10 et 11), sont : le livre-journal (art. 8) et le livre des inventaires (art. 9). Ce sont les seuls qu'elle exige; mais la nature et l'étendue des opérations de chaque commerçant peuvent lui rendre nécessaire ou seulement plus commode d'en avoir certains autres qui, sans être obligatoires, prouvent son esprit d'ordre et la bonne tenue de sa maison.

On peut diviser ces livres auxiliaires en deux catégories qui comprennent, la première : les livres servant d'élément au journal ; la seconde : ceux dont le livre-journal est l'élément.

[1] Avec la différence que le ministère des *argentarii* était public : *Quia publicâ auctoritate, hœc tanquàm officia, instituta videbantur, hâc ratione eorum libris credebatur, editione factà, tam pro, quàm contrà scribentes, quia eorum libri codices publicarum rationum dicebantur, teste Scœvolâ* (Boiceau, p. 2, chap. VIII, § 5).

1° *a*. Le livre de dépenses; *b*. le livre des ports de lettres (dans les grandes maisons, on y ouvre un compte à chaque correspondant); *c*. le livre des ouvriers (sur lequel on enregistre, dans les manufactures, l'ouvrage qu'on leur donne); *d*. livre d'achats et ventes; *e*. livre des acceptations. — 2° *a*. Le grand livre (ainsi nommé à cause de son format; le premier, le seul dans les maisons qui n'en ont qu'un); on l'appelle aussi livre de raison, livre d'ordre, de débit et crédit, de compte, ou extrait, parce qu'il est extrait du journal; *b*. le livre des comptes courants (adopté par le correspondant, il forme le contrat synallagmatique); *c*. le livre de magasin, compte des marchandises qui entrent et sortent; *d*. le livre de caisse; *e*. livre ou carnet d'échéances.

Tout ce que nous dirons de la foi des livres de commerce ne peut s'entendre que des livres régulièrement tenus.

FORCE PROBANTE ATTACHÉE AUX LIVRES DE COMMERCE.

Avant la publication des Codes, les docteurs divisés d'opinions sur les questions qui se rattachaient à la foi des livres de commerce, ne s'accordaient guère qu'en un point, celui de reconnaître comme difficile cette matière que Dumoulin lui-même appelait *per difficilem*.

Elle est spécialement réglée aujourd'hui par les art. 1329, 1330, 1331 du Code civil, et art. 12 et 13 du Code de commerce.

Les livres de commerce sont indubitablement des écritures privées : *Nemo dubitat*, dit Boiceau[2], *sub privatarum scripturarum nomine, contineri mercatorum manuscripta, in libris mercalibus eorum contenta, cùm hæ rationes sint privatæ tantùm et domesticæ.*

Or, la loi romaine disait : *Exemplo perniciosum est ut ei scripturæ credatur quâ unusquisque sibi, adnotatione propriâ, debitorem constituit*[3]. Et l'art. 1331 du Code civil répète d'après elle : Les registres et papiers domestiques ne font point un titre pour celui qui les a écrits.

[2] Part. 2, chap. VIII, § 1 *in fine*.
[3] L. 7, *Cod. de Probation.*, lib. IV, tit. 19.

B

Mais la bonne foi qui doit toujours se supposer, la faveur due aux transactions commerciales, la rapidité qui en est l'essence, le respect témoigné au commerce par la loi qui punit (C. pén., art. 147) le faux en écritures de commerce des mêmes peines que le faux en écritures authentiques, les précautions dont elle entoure la tenue des livres des commerçants, exposés à se voir déclarer banqueroutiers simples ou frauduleux, et punis comme tels (C. pén., art. 402 et 403) en cas de faillite, s'ils ont mal tenu ou falsifié leurs registres, ont déterminé en faveur des livres de commerce une dérogation au principe que nous venons d'exprimer.

Cette exception devait surtout avoir lieu entre les commerçants, respectivement obligés de tenir des livres qui se contrôlent réciproquement.

Le besoin de recourir aux livres de commerce peut se présenter dans trois hypothèses différentes. La contestation peut en effet s'élever:

1° Entre un commerçant, demandeur, et un non-commerçant, défendeur;

2° Entre un non-commerçant, demandeur, et un commerçant, défendeur;

3° Entre commerçant et commerçant.

1° Un commerçant contre un non-commerçant.

Le Code civil déclare (art. 1329) que les registres des *marchands* (et il entend par ce mot tous les commerçants) ne font point, contre les personnes non marchandes, preuve des fournitures qui y sont portées. Cette disposition est juste: l'autorité des livres de commerce doit être plus grande entre deux marchands dont les écritures se servent de contrôle réciproque, qu'entre un marchand et un particulier, puisque ce dernier ne pourrait se défendre à armes égales, n'ayant pas habituellement de registres et ne pouvant pas même en tenir qui fassent foi en sa faveur.

Toutefois les plus graves auteurs pensaient que certaines présomptions, jointes à des livres régulièrement tenus, pouvaient autoriser le juge à regarder les livres comme un commencement de preuve et à déférer le serment au marchand demandeur. Dumoulin veut que ce marchand soit un homme connu pour sa probité, *quem vocamus liberalem aut legalem* [4], et Pothier [5], que les fournitures inscrites ne montent pas à une somme trop considérable et n'aient rien que de vraisemblable : que le livre du marchand ne porte point, par exemple, *qu'il m'a vendu et livré dix aunes de drap noir dans une année, parce que je n'ai pas besoin de plus d'un habillement dans l'année, pour lequel quatre aunes suffisent.*

Le Code admet aussi cette modification à la règle qu'on ne peut se faire de titre à soi-même, et après avoir dit que les registres des marchands ne font point contre les personnes non marchandes preuve des fournitures qui y sont portées, l'art. 1329 se termine par ces mots : *sauf ce qui sera dit à l'égard du serment.*

Ce serment, qui viendra à l'appui des livres, est évidemment le serment supplétoire.

La disposition de l'art. 1329 ne signifierait rien s'il fallait l'entendre du serment *litis décisoire* dont parlent les art. 1358 et suiv. Il n'y a nul besoin de livres pour faire déférer ce serment, et ce serait une erreur que de croire que les marchands puissent exiger le serment contre ceux qui nient une fourniture inscrite sur leur livre et les faire condamner pour refus de ce serment.

Cette disposition se comprend parfaitement au contraire, appliquée au serment supplétoire ; et, en effet, nous sommes bien ici dans l'hypothèse de l'art. 1367, 2° : la demande n'est pas totalement dénuée de preuves. Le serment fait par le commerçant de la sincérité de sa créance, complétera cette preuve dont ses livres sont le commencement.

[4] *Comm. in lib.* IV, tit. 4, eod.
[5] *Comm. sur l'ord. de* 1675, p. 529.

B   10.

Le livre du commerçant suffira-t-il pour le faire admettre à faire la preuve testimoniale ? Nous le croyons. Boiceau[6] l'admet sans difficulté pour les marchands jurés. Cette distinction n'a plus de portée aujourd'hui, et nous regardons l'affirmative comme vraie pour tous les marchands. En effet, leurs livres sont bien le commencement de preuve écrite qui autorise la preuve testimoniale. Nous avons déjà eu occasion de dire que l'art. 1347 n'est pas limitatif quand il appelle ainsi l'écrit émané de celui contre lequel la demande est formée. Le registre d'enregistrement n'émane pas de la partie intéressée, et cependant il fait commencement de preuve (art. 1336). La preuve testimoniale sera moins dangereuse que le serment qui est prêté par un demandeur en qui le défendeur n'a pas de confiance; elle offrira plus de garanties, puisqu'elle s'appuie sur des tiers désintéressés qu'on peut reprocher, dont le témoignage est sujet à discussion et ne lie pas le juge, et dont le faux témoignage les exposerait à une répression pénale (C. pén., art. 363). Admettre le serment du demandeur pour décision dans sa propre cause, c'est plus que de lui permettre d'invoquer le témoignage des tiers. Or, *non debet cui plus licet, quod minus est non licere* (L. 21, *Dig. de regul. juris.*).

Enfin, nous conclurons des termes de l'art. 1353, qui permet au juge d'admettre les présomptions dans les cas où la loi admet la preuve testimoniale, que le commerçant pourra, à l'appui de ses livres, apporter toutes les circonstances favorables, toutes les présomptions qui seront de nature à soutenir sa demande.

Remarquons encore que l'art. 1329 est exceptionnel, et qu'on ne doit pas en étendre la disposition à des cas autres que celui de fournitures qui y est désigné; que, par conséquent, le marchand ne pourrait ni invoquer ses livres, ni être admis au serment, s'il se prétendait créancier à tout autre titre, quel qu'il fût.

[6] Part. 2, chap. VIII, § 7.

2° *Un non-commerçant contre un commerçant.*

Ici le demandeur ne se fait pas de titre à lui-même. Il oppose au contraire au commerçant son propre livre. L'art. 1330 est positif pour ce cas : les livres des marchands font preuve contre eux, dit-il. Ils porteront donc la condamnation du commerçant, si leurs énonciations sont conformes aux prétentions du demandeur.

Nous appliquerons à cette matière le principe de l'indivisibilité de l'aveu, et nous dirons avec la loi (art. 1330) que celui qui veut tirer avantage des livres du commerçant, ne peut les diviser en ce qu'ils contiennent de contraire à sa prétention.

Les livres se tiennent par ordre chronologique, et les articles peuvent être fort éloignés les uns des autres; mais en matière commerciale il se peut que des opérations diverses s'enchaînent d'une manière très-étroite. Ainsi un compte courant régulièrement tenu, bien que composé d'articles distincts, sera généralement considéré comme indivisible.

Un arrêt du parlement de Provence du 29 janvier 1681, cité par Ferrière[7], décidait déjà que le livre du marchand fait foi *contrà scribentem et pro scribente,* sans pouvoir être divisé. Ferrière dit, ailleurs[8], que cela a lieu quoique ce livre soit écrit de la main d'un autre, pourvu que cette personne reconnaisse que c'est le livre dont elle se sert. Mais la loi ne défend pas de prouver par tous les moyens que différents articles inscrits au livre du commerçant n'ont entre eux aucun rapport.

Celui qui offre de s'en rapporter aux livres d'un commerçant et qui en demande la représentation, doit, autant que possible, indiquer la date à laquelle l'article a dû être inscrit.

Le commerçant ne peut jamais alléguer avec succès qu'il n'a pas

---

[7] *Diction. de Droit*, t. II, p. 274, v° Marchand.
[8] *Oper.* t. cité, p. 255, v° Liv. de marchand.

tenu de livre-journal. Cette contravention à la loi qu'il allèguerait, le constituerait en mauvaise foi, et le serment décisoire pourrait être déféré à son adversaire.

3° Un commerçant contre un autre commerçant.

Dans cette hypothèse, aucune des deux parties n'est dans le droit commun, et le Code civil, par conséquent muet sur ce cas, le laisse régler par le Code de commerce. L'art. 12 de ce Code porte : « Les « livres de commerce régulièrement tenus peuvent être admis par le « juge pour faire preuve entre commerçants, pour faits de commerce. »

La preuve par livres n'est donc pas strictement obligatoire pour la juridiction consulaire, qui peut écarter les registres comme suspects, même lorsqu'ils sont réguliers. La bonne foi et l'équité, qui sont l'âme de cette juridiction, ne permettaient pas qu'on y astreignît le juge à certaines preuves légales. Mais, en fait, les tribunaux de commerce ne refusent guère d'ajouter une foi complète aux registres régulièrement tenus.

L'art. 12 nous indique clairement les trois conditions qui doivent se réunir pour qu'il soit applicable: 1° Contestation entre commerçants; 2° pour faits de commerce; 3° livres régulièrement tenus.

Sur la première circonstance, la qualité des personnes, tous les auteurs sont d'accord; mais ils sont fort divisés sur la qualité des faits et sur l'étendue qu'il faut donner aux mots : pour faits de commerce.

Suffit-il que le fait soit commercial d'un seul côté, ou doit-il l'être de part et d'autre, pour être de ceux auxquels s'applique l'art. 12? Une vente de vins, par exemple, faite par un marchand de vins à un marchand de draps, sera-t-elle un des faits commerciaux dont les livres font preuve? Pour tomber sous l'application de l'art. 12, nous pensons avec Fournel[9] et Delvincourt[10] qu'il faut que le fait soit commercial de part et d'autre.

[9] Commentaire sur le Code de commerce.
[10] Instituts du Droit commercial.

Dans l'espèce proposée, si le marchand de vins avait vendu à un rentier, nul doute que l'art. 12 ne fût pas applicable. Or, il nous semble que, dans cette hypothèse, le marchand de draps n'est pas plus commerçant qu'un rentier, car il n'achète pas un objet dont il fasse commerce.

M. Pardessus[11] laisse la question indécise. C'est à tort que M. Troplong l'invoque à l'appui de son opinion contraire à la nôtre. M. Toullier, qui se prononce dans le même sens que M. Troplong, prétend[12] que le commerçant doit porter sur son livre *tout ce qu'il doit, tout ce qui lui est dû, pour quelque cause que ce soit,* ce qui n'est pas absolument vrai.

Il y a des choses, en effet, les servitudes, par exemple, qui ne s'inscrivent pas sur les registres. Les dépenses de la maison ne s'inscrivent pas jour par jour et en détail, mais seulement en somme, à la fin du mois. Et quand même encore, dans l'espèce, cette dépense serait inscrite, elle est toute civile, et ne serait pas, par conséquent, utilement consignée sur un livre de commerce qui ne fait foi que pour les choses commerciales, comme M. Toullier lui-même le reconnaît (*eod. loco*). L'art. 12 veut que les deux parties soient commerçantes, et que les faits puissent être qualifiés faits de commerce. Il n'y a pas du tout ici fait de commerce de la part de l'acheteur. Ce sera un procès purement civil, dans lequel les livres du commerçant ne pourront être invoqués.

Nous avons dit que, pour être utiles au commerçant, qui prétend en tirer des preuves en sa faveur, les livres de commerce doivent être régulièrement tenus. L'art. 13 développe cette condition : « *Les livres que les individus faisant le commerce sont obligés de tenir, et pour lesquels ils n'auront pas observé les formalités ci-dessus prescrites, ne pourront être représentés ni faire foi en justice, au profit de ceux que les auront tenus.* »

Cette disposition ne s'applique qu'aux livres obligatoires et non aux livres facultatifs. Cependant, malgré les termes formels de la loi : *sont*

[11] *Cours de Droit commercial*, t. I, p. 260.
[12] T. VIII, § 586.

obligés de tenir, MM. Locré[13] et Pardessus (*oper. citat.*) y comprennent aussi ces derniers.

Il ne nous semble pas qu'on puisse tenir irrégulièrement des livres dont la loi n'exige ni ne règle la tenue.

L'art. 13 porte que ces livres irrégulièrement tenus ne pourront faire foi *au profit de ceux qui les auront tenus.* Le livre irrégulier ne pourra faire preuve pour le commerçant, mais il pourra très-bien le faire contre lui. Et ceci est de toute justice. Le livre, s'il eût été régulier, eût fait condamner celui contre qui il est invoqué, peut-il, parce qu'il l'a tenu irrégulièrement, parce qu'il a violé la loi, en tirer avantage et faire sa position meilleure? *Nemo ex suo delicto meliorem suam conditionem facere potest (Dig., L. 134. De regul. juris.).*

Le commerçant qui n'a pas tenu régulièrement les livres exigés par la loi, ne pourrait pas, à plus forte raison, représenter les livres auxiliaires, qui ne peuvent jamais suppléer ni à l'existence ni à la régularité du livre-journal dont ils tirent leur force.

Nous avons vu que la loi laisse au juge la liberté d'admettre les livres à faire la preuve ou de les rejeter; à plus forte raison pourra-t-il la compléter, en déférant le serment.

Si les livres des deux parties sont d'accord, il en résulte, en général, une preuve complète. Ce sont les deux doubles d'un contrat synallagmatique. Si l'un des deux commerçants présente seul des livres, il doit l'emporter : l'autre s'imputera de n'en point avoir.

Si les livres se contredisent, toutes choses égales d'ailleurs, relativement à la confiance que chacune des deux parties peut inspirer, le juge, qui n'a pu trouver de lumières dans la confrontation des registres, devra en revenir aux préceptes de la loi, et forcer le demandeur à fournir la preuve. *Onus probandi incumbit ei qui dicit.* Le demandeur pourra alors demander la preuve testimoniale ou déférer le serment.

Le juge peut s'écarter de ces règles et transporter au défendeur le

---

[13] *Esprit du Code de commerce.*

fardeau de la preuve, si, par exemple, l'exhibition des livres a été demandée dans une exception à une autre affaire. *Reus in excipiendo fit actor ; eique incumbit onus probandi.*

Tout ceci ne s'applique qu'aux livres tenus par les parties : ceux des tiers ne peuvent être invoqués qu'à titre de renseignements.

DROIT DES GENS.

EXTRADITION.

« L'extradition est l'acte par lequel un gouvernement fait arrêter, sur son territoire, le prévenu d'un crime commis sur un autre territoire et le livre à la puissance qui le réclame, afin de pouvoir le juger et le punir[1]. »

Il ne nous semble pas possible de soumettre à des règles générales et absolues cette matière qui touche de trop près à l'indépendance dont chaque gouvernement se montre, à bon droit, jaloux. La nature et l'importance du crime commis, les considérations de convenance et d'utilité réciproque, la puissance individuelle de chaque État, et le degré d'intérêt qu'il trouve à se ménager la bienveillance des autres, nous semblent devoir faire des lois différentes pour chaque cas particulier.

Il y a cependant aussi dans cette matière des principes généraux dont l'application se présente dans deux hypothèses distinctes et principales.

Il s'agit en effet pour le gouvernement duquel une extradition est réclamée, ou de livrer un étranger qui s'est réfugié sur son territoire, accusé d'avoir commis un crime dans son pays, ou de livrer un de ses propres sujets à la requête d'une puissance étrangère.

[1] Mangin, *Action publ. et civ. en mat. crimin.*, t. I, § 73.

Sur la question de savoir si le Droit des gens et l'usage des nations obligent chaque État à accorder l'extradition, réclamée par un autre État, d'un individu accusé de crimes ou délits commis sur le territoire de ce dernier, les auteurs sont loin d'être d'accord, et les deux opinions contraires sont soutenues par des hommes également renommés dans la science[2].

Nous nous rangeons à l'avis de ceux qui pensent qu'il ne peut y avoir pour un État libre d'obligation parfaite de poursuivre et livrer un criminel ou accusé de crimes, à la réquisition d'une puissance étrangère, et que des traités formels peuvent seuls forcer à l'extradition les nations entre lesquelles ils ont été passés.

Il est vrai de dire toutefois que par suite de cette tendance naturelle de la société humaine à faire régner la justice autant que possible et à établir un ordre légal, même entre les nations, il est dans l'usage des peuples que les extraditions de sujets étrangers s'accordent assez ordinairement, même sans traités, et par une simple déférence ou moyennant des reversales.

Les habitudes des différents États varient à cet égard. «La Suisse, dit Martens[3], est assez facile à accorder de ces déférences. — En Allemagne, les États du ci-devant Empire n'avaient entre eux aucune obligation générale de consentir aux extraditions, mais ils s'y prêtaient souvent, soit par des traités, soit par l'effet d'une bienveillance mutuelle. » Le même auteur cite au contraire la France, la Russie et la Grande-Bretagne comme se refusant constamment à de telles réquisitions quelconques, le seul cas des traités excepté.

L'extradition n'a lieu que dans les cas de crimes ou délits communs, c'est-à-dire d'infractions que les lois de tous les États regardent comme punissables, qui intéressent à un haut point la conservation de ceux-ci et le maintien de l'ordre général. Les gouvernements se doivent

---

[2] On peut en voir l'énumération et l'indication de leurs opinions à cet égard dans l'ouvrage de M. Félix, *Traité du Droit international privé*, § 569.

[3] *Précis du Droit des gens*, § 401.

entre eux cette mutuelle assistance, et il est d'ailleurs impossible de méconnaître que ces traités par lesquels les nations conviennent de se rendre réciproquement les coupables sont un des moyens les plus efficaces de prévenir les crimes.

Dans tous les cas, il appartient au gouvernement, dont on sollicite une extradition, d'examiner les motifs de la demande. Il en est le juge, et l'on ne pourrait lui contester ce droit, sans mettre en question son indépendance et offenser sa dignité.

Généralement, on refuse l'extradition des individus accusés seulement de crimes politiques. Il y a même des auteurs qui prétendent[4] qu'il a été convenu entre les gouvernements d'Europe que désormais l'extradition pour délits politiques n'aurait jamais lieu.

L'extradition des déserteurs, réglée par des traités particuliers, a été stipulée avec le Wurtemberg, le 3 décembre 1765, — les États-Unis, le 14 novembre 1788 et 23 juin 1823, — la Sardaigne, le 16 juin 1782 et 9 août 1820, — les Pays-Bas, le 20 octobre 1821, — la Bavière, le 9 mai 1827, — et la Prusse, le 25 juillet 1828[5].

L'extradition d'un de ses sujets doit rencontrer dans l'État de qui on la réclame bien plus de répugnance encore que celle d'un étranger, et plus d'obstacles dans l'exécution : aussi y a-t-il des pays, la Prusse et la Bavière par exemple, où elle est prohibée par des lois expresses[6].

Le gouvernement français a-t-il le droit de faire arrêter un Français pour le livrer à la puissance chez laquelle il est accusé d'avoir commis un crime? «Si l'on ne considérait cette question que sous le rapport du Droit des gens, dit M. Mangin[7], elle devrait se résoudre affirmativement, car la punition des grands coupables importe à tous les gouvernements, et les intérêts de leurs sujets respectifs sont subordonnés aux

[4] MM. Ortolan et Ledeau, *Du minist. publ.*, t. II, p. 281, note.
[5] *Bulletin des lois;* 1825. B. 614, n° 15077; 1820. B. 425, n° 9971; 1821. B. 486, n° 11576; 1827. B. 162, n° 6054; 1828. B. 257, n° 9590.
[6] Klüber, *Droit des gens mod. de l'Europe*, § 66.
[7] *Op. citat.* § 75.

intérêts de la société en général et de l'État auquel ils appartiennent.
Mais le Droit des gens n'est pas seul à consulter dans cette matière, la
liberté individuelle peut avoir reçu des lois positives d'un État, des
garanties telles que le gouvernement n'ait pas le droit de faire arrêter
et de livrer un de ses sujets. »

« Avant la révolution de 1789, la plénitude du droit de souveraineté
résidait dans la personne du monarque. Il le tenait de sa naissance. Il
était la loi vivante pour tout ce qui intéressait la sûreté extérieure de
l'État et ses relations avec ses voisins. — Sous l'empire, un décret du
23 octobre 1811 avait déclaré que le chef du gouvernement avait le
même droit, et il en réglait l'exercice. »

Ce décret était ainsi conçu : Art. 1er. « Toute demande en extradition
faite par un gouvernement étranger contre un de nos sujets, prévenu
d'avoir commis un crime contre des étrangers sur le territoire de ce
gouvernement, nous sera soumise par notre grand-juge, ministre de la
justice, pour y être par nous statué, ainsi qu'il appartiendra. »

Art. 2. « A cet effet, ladite demande, appuyée des pièces justificatives,
sera adressée à notre ministre des relations extérieures, lequel les trans-
mettra, avec son avis, à notre grand-juge, ministre de la justice. »

M. Legraverend[8] regardait ce décret comme ayant conservé toute
son autorité, et pensait que l'extradition devrait par conséquent avoir
lieu conformément à ses dispositions. MM. Carnot[9] et Bourguignon[10]
professent la même opinion, et, dans le fait, des extraditions ont eu
lieu, conformément à ses dispositions.

Un autre auteur[11], au contraire, regarde ce décret comme inconsti-
tutionnel et nul, et n'ayant jamais pu, par conséquent, déroger à
l'art. 13 du Code du 3 brumaire an IV, qui disposait que « le Français,
qui s'est rendu coupable hors du territoire français d'un délit auquel

[8] *Traité de la législat. crim. en France*, p. 89.
[9] *De l'instruct. crim.*, art. 4.
[10] *Jurisprud. des cod. crim.*, p. 57.
[11] M. Rauter, *Traité théoriq. et prat. du Droit crim. fr.*, § 55.

les lois françaises infligent une peine afflictive ou infamante, est jugé et puni en France, lorsqu'il y est arrêté. » Cet auteur pense qu'il était d'ailleurs abrogé par l'art. 68 de la Charte de 1814. Ceux qui ne contestaient pas la légalité du décret du 23 octobre 1811, croyaient que tous les droits que la Charte n'avait pas transportés à d'autres pouvoirs continuaient d'appartenir à la couronne, et reconnaissaient au roi le pouvoir d'ordonner l'extradition d'un citoyen français.

Aujourd'hui le chef du gouvernement n'a d'autres droits que ceux que lui confère la Charte de 1830, et il est certain que tous ceux qu'elle ne lui confère pas demeurent par cela même dans le domaine de la loi. Or, loin qu'aucune loi positive autorise l'arrestation d'un Français, à raison d'un fait qui ne peut donner lieu à l'action publique, tel qu'un crime commis sur un territoire étranger, l'art. 53 de la Charte défend de distraire aucun Français de son juge naturel, et l'art. 4 porte que la liberté individuelle est garantie, « personne ne pouvant « être poursuivi ni arrêté que dans les cas prévus par la loi et dans la « forme qu'elle prescrit. » La Charte de 1830 est un contrat dont les stipulations ne peuvent être étendues au profit du pouvoir. Le chef du gouvernement a bien, il est vrai, la faculté de faire des traités avec les puissances étrangères, mais seulement dans les limites de la constitution.

Le premier traité dans lequel la France ait promis et stipulé l'extradition, fut conclu entre elle et l'Espagne le 29 septembre 1765; le second avec le duc de Wurtemberg, le 9 décembre de la même année. Ce dernier promet l'extradition réciproque des brigands, malfaiteurs, voleurs, incendiaires, meurtriers, assassins, vagabonds.

En général tous les traités qui existent sur cette matière désignent les crimes ou délits dont l'individu doit s'être rendu coupable pour que son extradition puisse être accordée.

Au mois de juin 1831, le gouvernement français avait déclaré que jamais il n'accorderait d'extradition et qu'il n'en solliciterait point. Il avait notifié à la confédération suisse qu'il renonçait aux dispositions des traités de septembre 1798, novembre 1803 et juillet 1828, par lesquels les deux États s'étaient garantis l'extradition réciproque des prévenus de crimes d'État, d'assassinat, d'empoisonnement, d'incendie, de faux en actes publics, de fabrication de fausse monnaie, etc.[12].

Cependant, le 22 novembre 1834, un traité fut conclu entre la France et la Belgique pour assurer l'extradition des prévenus des mêmes crimes, à peu près, que nous venons de citer. Et un autre entre la France et la Sardaigne, le 23 mai 1838, par lequel ces deux États se promettent l'extradition des individus accusés ou condamnés pour les mêmes crimes dont l'énumération est faite dans le traité avec la Belgique.

Nous trouvons dans une lettre du garde des sceaux, ministre de la justice, du 5 avril 1841[13], les quelques principes de cette matière qui nous restent à exposer. Elle porte que : « L'extradition ne s'applique pas aux nationaux réfugiés sur le territoire de leur patrie; qu'en conséquence la France ne peut demander que l'extradition d'un Français ou d'un étranger réfugié dans un pays autre que celui auquel il appartient. L'extradition ne peut avoir lieu qu'à l'égard du prévenu d'un fait passible d'une peine afflictive et infamante, c'est-à-dire d'un crime autre qu'un crime politique et non d'un délit. Par suite, si l'extradition d'un individu accusé à la fois d'un crime et d'un délit a été obtenue, il ne doit pas être jugé sur le délit. Par suite encore, si l'extradition a été obtenue à l'égard d'un individu prévenu d'un crime ordinaire et d'un crime politique, il ne doit être jugé que pour le premier, et après acquittement ou après l'expiration de la peine, il doit sortir de France, sur l'ordre du gouvernement et dans le délai fixé.

« L'extradition énonce le fait qui y donne lieu, et ce fait seul doit être

---

[12] M. Félix (*op. cit.*, p. 584) assure qu'on ne trouve aucune trace de cette notification dans le *Manuel du Droit public de la Suisse*, de M. Snell, qui contient le recueil complet des actes concernant les rapports diplomatiques entre ce pays et la France.

[13] Rapportée par Dalloz, *Dict.*, v° Extradition.

recherché[14]. De là il suit que si, pendant le procès sur le crime qui a motivé l'extradition, il surgit des preuves d'un nouveau crime, une nouvelle demande d'extradition doit être formée. »

Il se peut qu'une extradition ait été accordée sous certaines conditions; qu'un gouvernement, par exemple, en faisant la remise d'un de ses sujets, se soit réservé la faculté de prononcer et d'appliquer la peine d'après le résultat des débats. Ces conditions doivent être rigoureusement exécutées.

L'extradition est un acte du domaine du gouvernement, et les tribunaux sont par conséquent sans qualité pour la solliciter directement de la puissance chez laquelle le prévenu s'est réfugié, ou pour l'accorder

[14] M. Legraverend (*op. cit.*, p. 87) cite un bel exemple de l'application de ce principe par le gouvernement français : « Un officier supérieur, au service de France, avait été poursuivi et condamné, par les tribunaux français, à une peine infamante pour un crime dont il avait été déclaré coupable. Le gouvernement français ne fit aucune démarche pour obtenir, en vertu de ce jugement, l'extradition de cet individu, qui s'était réfugié en pays étranger. Mais ce même officier ayant été accusé ultérieurement d'avoir pris part à un crime politique contre la France, le gouvernement français réclama son extradition, à raison de cette accusation, et elle fut accordée. Ce Français fut mis en jugement et acquitté sur la nouvelle prévention dont il était l'objet ; mais le ministre de la guerre éleva alors la question de savoir si l'on pouvait traduire en jugement et faire juger *contradictoirement* cet individu à raison du fait qui avait motivé sa condamnation *par contumace*. Si cet individu avait réclamé lui-même ce jugement, il n'y aurait pas eu de question dans l'espèce, attendu qu'il s'agissait d'un Français condamné pour un crime commis en France ; mais comme cet individu réclamait au contraire contre sa mise en jugement de ce chef, il fut décidé que l'extradition n'ayant été autorisée que pour le crime politique et à raison de sa gravité, ce serait violer le droit des gens que de ne pas s'en tenir rigoureusement à l'objet de l'extradition et de faire statuer par un jugement contradictoire sur le fait qui avait motivé la condamnation par contumace; que le condamné devait, sous ce rapport, être remis dans la même situation qu'au moment de son extradition, puisqu'il n'avait point été livré, à raison de son jugement de contumace, aux autorités françaises, et cet individu fut, en conséquence, reconduit par l'ordre du gouvernement français et remis au gouvernement qui n'avait autorisé son extradition que pour le crime politique dont il avait été reconnu non coupable. »

sur la demande de la puissance qui la réclame, si cette demande leur est adressée. La lettre déjà citée du ministre de la justice déclare, art. 5, que le gouvernement seul a qualité pour demander à l'étranger l'extradition.

Lors donc que l'emploi de cette mesure est nécessaire, le procureur du roi ou le tribunal saisi doit rendre compte au procureur-général en la cour royale de la procédure et des motifs qui nécessitent l'extradition. — Les procureurs généraux peuvent seulement correspondre avec les magistrats des pays voisins pour obtenir des renseignements.

« [15] Le procureur général doit transmettre à la chancellerie, avec lettre explicative, la requête d'extradition, accompagnée du mandat d'arrêt ou de l'arrêt de la chambre des mises en accusation, ou d'un arrêt de condamnation contradictoire, ou par contumace, suivant l'état de la procédure. — Les gouvernements belge et espagnol sont dans l'usage de n'accorder l'extradition que sur la production de l'arrêt de la chambre des mises en accusation. »

« [16] Si durant la demande d'extradition, le fait qui l'a provoquée a perdu le caractère de crime, pour prendre celui de délit, ou s'il est intervenu un arrêt de non-lieu, le ministre doit en être averti sans délai, pour que la demande soit retirée, ou que le prévenu soit rendu à la liberté et conduit hors des frontières. »

« [17] Lorsque le prévenu est livré, il est d'abord remis à l'autorité administrative, puis reçu par le procureur général, qui prend des mesures pour la translation au lieu où l'accusation doit être opérée. »

« [18] Le gouvernement est exclusivement compétent pour fixer la portée d'une extradition et en interpréter les termes : les tribunaux doivent surseoir jusqu'à sa décision.

« Le gouvernement a exclusivement le droit de statuer sur les de-

[15] Même circulaire, n° 6.
[16] *Ibid.*, n° 7.
[17] *Ibid.*, n° 8.
[18] *Ibid.*, n° 4.

www.ingramcontent.com/pod-product-compliance
Lightning Source LLC
Chambersburg PA
CBHW050558210326
41521CB00008B/1019